euphoria

Die Spielanleitung

+

Spielregel X

Impressum:

Bibliografische Information Der Deutschen Bibliothek:
Die Deutsche Nationalbibliothek verzeichnet diese Publikation in der Deutschen Nationalbibliografie; detaillierte bibliografische Daten sind im Internet über dnb.d-nb.de abrufbar.

Komplett überarbeitete Neuauflage

Umschlaggestaltung: Nina Nell
Satz und Layout: Nina Nell
Herstellung und Verlag: Books on Demand GmbH, Norderstedt
ISBN: 978-3-839-1-8467-7

http://www.ninanell.com

Der Tanz beginnt in Raum und Zeit,
verändert meine Wirklichkeit.
Ein Schritt gewagt im Hier und Jetzt,
mit Freude getanzt, in Ekstase versetzt.
Verwandelt Welten, Universen und mich
in mein göttliches, ursprüngliches Ich.

L

Inhalt

euphoria

Die Spielanleitung zum Spiel der Götter

Das Spiel

Anzahl möglicher Spieler	1 – unendlich
Mitspieler	alle/s
Spielfigur	Du selbst
Spielfeld	Die Welt
Werkzeuge	Gedanken
	Gefühle
	Fantasie
Energiequelle	Du selbst

Ziel des Spiels:

– Die Entfaltung und Verwirklichung des eigenen Selbst.
– Spaß!

Spielverlauf:

Der Spielverlauf / der Weg ist dem Spieler überlassen. Zu Beginn des Spiels befindet sich der Spieler in einem fertig konstruierten Spielfeld mit ausgesuchten Mitspielern. Das Spielfeld kann beliebig verändert werden. Veränderungen sind abhängig vom Bewusstseinszustand des Spielers, da das Spielfeld ein Spiegelbild des Spielers ist. Es gibt beim Spielen keine Fehler und keine guten oder schlechten Entscheidungen. Die Aufgabe besteht darin, sich vollkommen zu entfalten und den größten Spaß dabei zu haben.

Einleitung

Es ist nur ein Spiel, lasst uns spielen.
Sorglos laufen wir über die
Wiesen der Wirklichkeit,
im Munde ein Lied der Seligkeit.
Arm in Arm, Hand in Hand
durchqueren wir das Schlaraffenland.

Braucht man eigentlich einen Grund, um glücklich zu sein? Oder eine Ursache? Oder sind positive Ereignisse notwendig, um Glücksgefühle in uns entstehen zu lassen?

Nein. Ganz und gar nicht. Ein positives Ereignis ist zwar eine wunderbare Sache, aber es kann keine positiven Gefühle in uns entstehen lassen. Die Gefühle zu dem Ereignis machen wir uns nämlich ganz allein. Sie entstehen in unserem Inneren, weil wir uns durch eine positive oder negative Beurteilung der Situation ganz einfach für sie entscheiden. Ein Ereignis kann in dem einen Menschen positive Gefühle hervorrufen, während es in einem anderen Menschen negative Gefühle hervorruft. Welches Gefühl wir bei einem Ereignis fühlen, entscheiden aber ganz allein wir.

Es kommt nur darauf an, wie wir die Situation betrachten. Betrachten wir sie aus einer anderen Perspektive, verwandelt sich ein vermeintlich negativer Umstand plötzlich in einen positiven. Wir können uns also in jedem Moment entscheiden, was wir fühlen und mit welchen Emotionen wir auf eine Situation, auf einen Umstand reagieren wollen. Wir entscheiden, ob wir Umstände positiv oder negativ bewerten.

Aber wie oben schon erwähnt, brauchen wir nicht einmal einen Umstand, um Gefühle in uns entstehen zu lassen. Wir können jedes Gefühl aus dem Stand heraus einfach so und völlig grundlos in uns hervorrufen. Es einfach aus dem Nichts entstehen lassen.

Wir brauchen beispielsweise nur an etwas wirklich Schönes (etwas, das wir als wirklich schön empfinden) zu denken und schon fängt es an, in unserem Bauch zu kribbeln. Oder wir brauchen uns nur daran zu erinnern, wie es sich anfühlt wirklich glücklich zu sein und die Erinnerung wird das Gefühl sofort in uns entstehen lassen. Gefühle sind also von nichts und niemandem abhängig, als nur von uns selbst. Das ist die Botschaft, die »Euphoria« vermitteln will.

In »Euphoria – Das Spiel der Götter« erlebt Lucy Meier, die Hauptperson in der Geschichte, jedoch eine Realität, in der es ihr zunächst unmöglich erscheint sich glücklich zu fühlen. Sie ist arm, krank und unglücklich. Und obendrein scheint sie ein wahrer Pechmagnet zu sein, denn sie zieht Tag für Tag unglückliche Situationen in ihr Leben. Ist es für einen Menschen wir Lucy auch möglich, sich grundlos Glücksgefühle zu machen? Oder ist es vielleicht sogar genauso einfach, wie für Menschen, die eher Glück und Zufriedenheit in ihrem Leben erfahren? Die Antwort ist ein ganz klares »Ja«! Der Grund, warum wir glauben nicht glücklich sein zu können liegt darin, dass wir unsere Glücksgefühle von unseren Lebensumständen abhängig machen. Wir glauben nicht glücklich sein zu können, wenn dieses und jenes nicht passt oder nicht so ist, wie wir es gern hätten. Und noch schlimmer: Wir glauben, dass wir erst glücklich sein können, wenn alles anders ist. So ist auch Lucy fest davon überzeugt, wenn sie erst einmal gesund und reich ist, kann sie endlich wieder lachen und fröhlich sein und das Leben in vollen Zügen genießen.

Im Laufe der Geschichte lernt sie aber, dass sie – unabhängig von ihren Lebensumständen – einfach glücklich sein kann. Dass sie über ihre Gedanken und Gefühle bestimmen kann. Dass sie die Kontrolle über sich hat und ganz allein über Glück und Unglück bestimmt.

Durch zahlreiche Bücher und Filme wissen wir heute, dass wir mit unseren Gedanken und Gefühlen die Realität gestalten. Wir ziehen Positives an, wenn wir uns gut fühlen und erleben Negatives, wenn wir uns schlecht fühlen. Das ist das Gesetz der Anziehung. Es ist also ratsam und sehr sinnvoll sich grundlos Glücksgefühle zu machen. Denn, um ehrlich zu sein, haben viele Menschen heutzutage kaum Gründe für Glücksgefühle. Weil es einfach zu viele Dinge in ihren Leben gibt, die sie unglücklich machen. Z.B. die Finanzen, die familiäre Situation, die Partnerschaft, die Gesundheit usw. usf. Es gibt unzählige Gründe dafür, sich Sorgen zu machen, unglücklich zu sein, verzweifelt, traurig, wütend … aber es gibt kaum Gründe für Glück. Oder ist das vielleicht nur ein Denkfehler? Ist das nur eine Meinung, die wir alle vertreten, weil wir glauben nur dann glücklich sein zu können, wenn alles passt?

Jeder von uns hat einen Teil in sich, der genauso ist, wie

Lucy. Das, was sie nicht akzeptieren kann, oder will, das bekämpft sie. Ob es ihre Krankheiten sind, ihre finanzielle Situation, die Armut ihrer Familie, ihre Einsamkeit, der Frust über ihr Leben, ihre Ängste. All das sind Dinge, die sie nicht will. Dinge, die sie ablehnt, weil sie unglücklich machen. Und sie kämpft so lange gegen dieses Leben an, bis es eines Tages zurückschlägt. Denn, wenn man immer gegen das Leben ankämpft, kämpft es (nach dem Gesetz der Anziehung) zurück. Lucy erlebt diesen »Rückschlag« durch einen Unfall, durch den sie schließlich gezwungen wird, über sich und ihr Leben nachzudenken. Sie erfährt, dass ihre Gedanken und Gefühle Auswirkungen auf ihre Wirklichkeit haben und dass sie ihr Innenleben vollständig kontrollieren kann. Sogar ihre Überzeugungen kann sie ändern, wenn sie es will. Sie lernt, dass ihre Gefühle und Gedanken nichts Böses sind und dass auch die Wirklichkeit nichts ist, das man bekämpfen muss, um es zu ändern. Lucy muss erst durch ein Abenteuer und durch schmerzhafte Ereignisse, Gedanken und Gefühle gehen, um zu erkennen, dass das Leben kein Kampf ist. Ganz im Gegenteil. Es ist ein Spiel! Ein Spiel, in dem man sich das Leben erschaffen kann, das man sich wünscht. Man muss nur die Spielregeln verstehen und danach leben.

Ich möchte mit »Euphoria – Die Spielanleitung« ein Begleitbuch zu Lucys Geschichte anbieten, das diese Spielregeln erklärt. Um das Spiel, das wir jeden Tag spielen, besser zu verstehen und zu lernen, diese Spielregeln auf das Leben anzuwenden. Das Prinzip der Absichtslosigkeit, das ich in Zusammenhang mit dem Gesetz der Anziehung beschreibe, beruht auf Erfahrungen. Es wurde zahlreich erprobt und für so wirksam befunden, dass ich hier noch eine Warnung aussprechen will. Wenn du Euphoria spielst, musst du bereit für Veränderungen sein. Denn diese werden mit höchster Wahrscheinlichkeit eintreten. Wenn du Angst davor hast, rate ich dir, erst einmal mit kleinen Dingen anzufangen und dich dann zu steigern. Große Veränderungen können zunächst erschreckend sein, wenn man sich an sein altes, festgefahrenes Leben gewöhnt hat. Der Mensch ist ein Gewohnheitstier und Veränderungen machen erst einmal Angst. Selbst, wenn sie positiv sind. Wenn du dir darüber aber keine Sorgen machst und keine Angst vor Veränderungen hast, kannst du natürlich sofort mitten ins Spiel springen und die Möglichkeiten voll auskosten.

Das Spiel der Götter – Euphoria – ist dazu da, Menschen glücklich zu machen. Denn ein glücklicher Mensch zieht nach dem Gesetz der Anziehung noch mehr Glück an. Und je mehr Menschen glücklich sind, umso glücklicher ist die Welt! Du trägst also mit diesem Spiel nicht nur zu deinem eigenen Glück bei, sondern auch zum Glück der Welt! Wenn du es also einmal nicht schaffst, für dich selbst glücklich zu sein, dann tue es für den Rest des Planeten. Das ist ein wunderbares Gefühl und hebt deine Schwingungen sofort um ein Vielfaches an.

In diesem Sinne wünsche ich dir viel Spaß mit »Euphoria« und unendlich viele Glücksgefühle!

Das Gesetz der Anziehung

Tanze, Glück! Tanze im Antlitz meiner Freude.
Meine Gedanken tragen deinen Namen und mein
Herz schlägt in deinem Rhythmus.
In deinem Zeichen bin ich geboren,
in deinem Lachen schwingt mein Name.
Tanze, Glück! Tanze in allem, was ich bin.

Das Spiel beginnt mit einer einfachen Regel: Halte dich an das Gesetz der Anziehung und lebe danach.

Aber was ist das Gesetz der Anziehung eigentlich? Wenn du noch nichts davon gehört hast, will ich es dir hier kurz erklären.

Das Gesetz der Anziehung ist heutzutage in aller Munde. Überall hört und liest man von der Macht der Gedanken und der Kraft des Glaubens. Und dass die Erfüllung aller Wünsche in den eigenen Händen bzw. Gedanken liegt. Doch die Erkenntnis, dass ein Mensch durch seine Gedanken wirklich Macht über sein Leben besitzt, ist nicht neu. Im Gegenteil! Schlägt man einmal eines der vielen Bücher auf, die es mittlerweile zu diesem Thema gibt, findet man sofort unzählige Zitate von großen Gelehrten, Weisen und Religiösen aus allen Epochen, deren Bedeutung im Kern immer dieselbe ist:

Der Geist herrscht über die Materie!

Das wusste schon Einstein. Und auch heute nähern sich immer mehr Naturwissenschaftler dieser Erkenntnis an. Allmählich wird den Menschen also bewusst, dass ihre Gedanken und Gefühle gravierende Auswirkungen auf ihr Leben haben. Dass sie die Ereignisse in ihrem Leben sogar selbst erschaffen.

Aber wie funktioniert das eigentlich? Im Grunde ist das Gesetz der Anziehung ganz simpel, denn es folgt einem einfachen Prinzip:

Wie innen – so außen!

Und das bedeutet: Was wir im Innen sind, zeigt sich im Außen. Das ist alles. Es ist ganz einfach und völlig unkompliziert.

Nehmen wir als simples Beispiel einmal einen Menschen, der so richtig schlecht gelaunt ist. Aus welchem Grund auch immer. Er geht vor die Tür und was passiert? Es begegnen ihm schlecht gelaunte Menschen, es entstehen Situationen, die ihn wütend machen oder frustrieren, das Wetter ist schlecht, der Typ an der Kasse hat ihm zu viel Geld berechnet, da tritt ihm ein Kind gegen das Schienbein, die U-Bahn fährt ihm vor der Nase weg … usw.

Es geschehen also immer mehr Dinge, die seine miserable Laune aufrechterhalten und sogar noch steigern. Denn das Gesetz der Anziehung zieht exakt die Dinge in unser Leben, die wir mit unseren Gedanken und Gefühlen aussenden. Senden wir ein Gefühl von Frust, begegnen uns unentwegt frustrierte Menschen und frustrierende Situationen. Senden wir Wut oder Angst, begegnen uns Situationen, die uns noch wütender machen oder uns mehr Angst einjagen. So etwas oder etwas Ähnliches hat sicher jeder schon erlebt.

Dasselbe funktioniert natürlich auch umgekehrt. Und zwar mit guter Laune. Probiere es einfach einmal aus. Gehe freudestrahlend vor die Tür und schau dir an, was passiert. Aber achte darauf, dass du *ehrlich* gut gelaunt bist.

So, wie Nikolas in der Geschichte zu Lucy sagt, sie muss ehrlich an etwas denken. Das bedeutet, dass sich das Gesetz der Anziehung leider nicht veräppeln lässt. Wenn du dir einredest glücklich zu sein, obwohl dir in Wirklichkeit zum Heulen zumute ist, wird das in deinem Leben erscheinen, was du mit deinen *wahren* Gefühlen aussendest. Nicht das, was du dir als Maske mit deinen Gedanken aufsetzt. Dazu ist das Gesetz der Anziehung einfach zu ehrlich mit dir!

Manche Menschen verwechseln Gefühle mit Gedanken. Wenn du sagst: »Ich bin glücklich!«, aber es nicht gleichzeitig wirklich fühlst, ist es nur ein Gedanke und somit eine Lüge. Denn du *bist* es ja nicht wirklich. Etwas zu *sein,* bedeutet es zu *fühlen.* Und hier liegt einer der Fehler, den viele Menschen bei der Anwendung des Gesetztes der Anziehung machen. Sie *denken* positiv, *fühlen* aber nicht so.

Bring deine Gedanken und Gefühle in Einklang!

So erklärt es auch Nikolas. Ein Gedanke hat zwar die Kraft, sich in der Wirklichkeit zu manifestieren, wenn aber ein gegenteiliges Gefühl in dir existiert, hebt es den Gedanken wieder auf. Gefühle sind weitaus mächtiger und kraftvoller, als Gedanken. Sie sind der Motor, der deine Vorstellungen in die Wirklichkeit projiziert.

Sobald du dich glücklich fühlst, werden auch deine Gedanken diesem Gefühl folgen und in eine positive Richtung lenken. Das geht geradezu automatisch. Natürlich geht es auch umgekehrt. Du kannst dir auch zuerst positive Gedanken machen und dich dann erst glücklich fühlen. Viele Menschen glauben, dass es nur so herum funktionieren kann. Sie glauben, sie bräuchten einen Grund, um Glücksgefühle haben zu können. Aber das ist, wie du bereits weißt, nicht wahr. Stell dir einmal gerade jetzt vor, wie sich Zuneigung anfühlt! Du weißt, wie sich Zuneigung anfühlt, oder? Du hast Zuneigung schon unzählige Male gefühlt. Erinnerst du dich? Du fühltest Zuneigung gegenüber Menschen, die du magst, oder sogar liebst. Menschen, die dir wichtig sind, die dir etwas bedeuten. Oder du hast Zuneigung schon gegenüber Tieren gefühlt, die du liebst. Oder sogar Pflanzen oder Gegenständen gegenüber, die du toll fandest. Du hast bestimmt auch schon Zuneigung gegenüber Hobbys, bestimmten Situationen, tollen Umständen, Musik, Filmen und dem Wetter gefühlt. Zuneigung bedeutet nämlich nichts weiter, als jemandem oder etwas *zugeneigt* zu sein. Du kennst das Gefühl der Zuneigung in- und auswendig. Wie fühlt es sich an? Beschreibe es einmal. Wo in deinem Körper spürst du die

Zuneigung? In deinem Herzbereich? In deinem ganzen Brustkorb? Oder im Bauch? Spüre einmal hinein und versuche dieses Gefühl selbst zu beschreiben. Ist es warm? Kribbelig? Weich? Nimm dir ein bisschen Zeit dafür …

Und jetzt bestätige dir selbst einmal, was du gerade getan hast. Du hast ein Gefühl in dir entstehen lassen. Völlig grundlos! Einfach so.

Gefühle entstehen tatsächlich *in* dir, ganz unabhängig von äußeren Umständen und nur *du* hast die Kontrolle über deine Gefühle. Du kannst dich jederzeit entscheiden, was du fühlen willst. Und du kannst dich entscheiden, welche Gefühle ein äußeres Ereignis in dir hervorrufen soll oder kann. Deine Gefühle unterstehen nur *dir* und nichts und niemandem sonst. Das hast du gerade selbst erlebt.

Kommen wir noch einmal zurück zum Gesetz der Anziehung. Es besagt, dass wir das anziehen, was wir im Innen *sind*. Was wir *sind*, das *fühlen* wir. Und wenn das *Sein* also zum größten Teil *fühlen* bedeutet, dann können wir uns jederzeit entscheiden, was wir *sein* wollen und was wir damit in unser Leben ziehen. Denn wir können uns unsere Gefühle jederzeit aussuchen.

Noch einmal:

– Das Gesetz der Anziehung besagt: Wie innen – so außen!

– Was wir im Innen sind, das ziehen wir an.

– Sein bedeutet zum größten Teil fühlen.

– Über unsere Gefühle können wir bestimmen.

– Fazit: Wir können darüber bestimmen, was wir anziehen!

Ob Zufriedenheit, Glück, Liebe, innerer Frieden, Geborgenheit, Harmonie, Euphorie …

Du weißt bereits, wie sich all diese Gefühle anfühlen und deshalb kannst du sie zu jeder Zeit in dir hervorrufen. Du kennst das Kribbeln in deinem Bauch, wenn du verliebt bist. Du kennst das leichte, fast schwerelose Gefühl der Erleichterung, wenn alle Anspannung von dir abfällt. Du weißt genau, wie sich Liebe anfühlt, oder Freude. Und du weißt auch, was Euphorie ist. Es ist das ultimative Glücksgefühl! Das Gefühl, das so sehr in dir kribbelt, dass du es am liebsten hinaus schreien möchtest. Erinnere dich!

Es ist deine Entscheidung, ob du jetzt in diesem Moment Glück fühlen willst, um Glück anzuziehen. Durch eine solche Entscheidung kann sich dein ganzes Leben verändern!

Aber wie kann man sich glücklich fühlen, wenn einen die äußeren Umstände unglücklich machen? Wie soll man Glücksgefühle haben, wenn man arm ist oder krank? Wenn man einen Job hat, den man hasst oder gar keinen Job hat? Wie kann man über all die negativen Umstände hinweg sehen? Ganz einfach: Das muss man gar nicht! Alles, was du tun musst, ist, die Umstände so zu akzeptieren, wie sie sind. Dein Leben ist im Moment so und das ist vollkommen okay. Du sollst ja nicht glücklich darüber sein, dass du zum Beispiel kein Geld hast oder keinen Partner. Lass den Umstand einfach Umstand sein und bewerte ihn am besten gar nicht. Er wird sich früh genug ändern. Drehe dem Umstand stattdessen einfach mal den Rücken zu und lasse Glücksgefühle in dir entstehen. Völlig grundlos und vollkommen unabhängig von den Umständen, die du bemängelst. Beachte sie gar nicht. Konzentriere dich nur auf das Glücksgefühl. Wenn du deine Glücksgefühle nicht von den äußeren Umständen abhängig machst, ist es ganz leicht, sich trotz widriger Umstände glücklich zu fühlen. Und wenn du das jetzt gemacht hast, wird Folgendes passieren:

Du hast deine Aufmerksamkeit (also deine Energie) von dem Problem (dem negativen Umstand) abgezogen! Somit bekommt der Umstand keine Energie mehr, um sich weiter aufrechtzuerhalten. Und wie es im Leben so ist, verkümmern und schrumpfen Dinge, die keine Aufmerksamkeit/Energie bekommen. Stattdessen hast du dich mit deiner ganzen Aufmerksamkeit auf Glücksgefühle konzentriert. Die Energie fließt also nun zu den Glücksgefühlen, da Energie immer der Aufmerksamkeit folgt. Dadurch werden die Glücksgefühle immer stärker. Und je stärker sie werden, umso intensiver tritt das Gesetz der Anziehung in Kraft. Je stärker du dich mit einem Gefühl auf etwas konzentrierst, umso schneller ziehst du es an. Du ziehst also in dem Moment, in dem du dich auf deine Glücksgefühle konzentrierst, Situationen in dein Leben, die erneut Glücksgefühle in dir entstehen lassen. Genauso, wie in dem Beispiel mit dem schlechtgelaunten Menschen.

Es sind die Gefühle, die unsere Welt bewegen!

Das Leben hält sich penibel genau an das Resonanzgesetz. Gleiches zieht Gleiches an. Oder: Gleich und Gleich gesellt sich gern.

Wenn einem das erst einmal bewusst geworden ist, erkennt man plötzlich die Zusammenhänge in seinem Leben. Man sieht, dass die verschiedenen Situationen und Ereignisse, in denen man sich immer wieder befindet, eine erschreckende Ähnlichkeit mit den eigenen Gedanken, Gefühlen und Überzeugungen haben. Und einem wird bewusst, welche Macht man tatsächlich über sein Leben hat.

Diese Erkenntnis und die damit verbundene Veränderung der Denkweise bringt eine große Verantwortung mit sich. Verantwortungsbewusst zu handeln bedeutet dann, auf die eigenen Gedanken und Gefühle acht zu geben. Denn sie sind es, die unser Leben gestalten.

Die Welt ist ein Spiegel, der uns nicht die Masken widerspiegelt, sondern unser wahres Selbst!

Wenn wir unser Leben also ändern wollen, müssen wir uns selbst ändern und damit unser grundlegendes Denken und Fühlen. Wie vorher schon erwähnt, reagiert das Gesetz der Anziehung nicht auf aufgesetzte Glaubenssätze, wenn du in Wirklichkeit von etwas ganz Anderem überzeugt bist. Denn das, wovon du überzeugt bist, *fühlst* du auch.

Überzeugung = Fester Glaube

Unsere Überzeugungen sind das Fundament unserer Gedanken und Gefühle. Wenn wir von etwas überzeugt sind, also an etwas glauben, denken, fühlen und handeln wir auch dementsprechend und ziehen dadurch die passende Realität an.

Wie lässt sich nun eine bestehende, negative Überzeugung, die dein Leben lang etwas Negatives angezogen hat, erschüttern oder auflösen? Ganz einfach. Auf dieselbe Weise, wie sie einst entstanden ist. Überzeugungen entstehen entweder durch Erfahrungen/Erlebnisse, durch intensive Gefühle oder durch das Lernen. Als Kinder haben wir viele Überzeugungen einfach von den Erwachsenen um uns herum übernommen. Sie wurden uns beigebracht oder vorgelebt und wir haben den Sinn oder die Richtigkeit dieser Glaubenssätze nicht in Frage gestellt. Sie waren für uns Realität. Als Erwachsener erkennt man dann, dass viele Überzeugungen aus der Kindheit falsch sind. Aber sie sind gespeichert und schwer wieder loszuwerden. Besonders, wenn man eine Überzeugung durch ein Trauma erhalten hat. Durch Erlebnisse, die mit intensiven Gefühlen verbunden sind. Wenn man immer wieder etwas auf dieselbe Art und Weise erlebt, wird es zu einer Überzeugung. Aber genauso lassen sich Überzeugungen auch umprogrammieren.

An diesem Punkt setzt die Kraft von Visualisierungen, der bildlichen und lebhaften inneren Vorstellung/Fantasie, ein. Unser Gehirn kann nicht zwischen Realität und Fantasie unterscheiden. Das haben wissenschaftliche Studien belegt. Eine Fantasie *fühlt* sich also ebenso real an, wie die Wirklichkeit. Stellst du dir also sehr lebhaft und mit intensiven Gefühlen vor, wie du dein Portemonnaie öffnest und so viele Hundert-Euro-Scheine vorfindest, dass es sich kaum noch schließen lässt, speichert dein Bewusstsein diese Situation als »erlebt« ab. Sie befindet sich damit in deinem *Erfahrung*sschatz!

»Erlebst« und vor Allem *fühlst* du diese Situation nun immer wieder, wird dies nach und nach deine Überzeugung, arm zu sein, ins Wanken bringen. So kannst du schließlich einen neuen Glaubenssatz in dir verankern, der ein anderes Gefühl aussendet und somit auch eine andere Wirklichkeit anzieht. Nehmen wir als Beispiel einen Menschen, der sich wertlos fühlt. Er zieht sein Leben lang schon Situationen an, die ihm weiterhin das Gefühl geben wertlos zu sein. Ganz nach dem Gesetz der Anziehung. Plötzlich stellt er sich aber vor, wie sich Selbstwertgefühl anfühlt. Wie es sich anfühlen *würde*, wenn er es *hätte*. Und er stellt sich dieses Gefühl so oft vor, wie er kann. Er fühlt es in seinem ganzen Körper und steigert sich so richtig schön hinein. Was glaubst du, zieht dieser Mensch in diesem Moment für eine Wirklichkeit an? Glaubst du, er würde mit diesen intensiven Gefühlen Situationen anziehen, die ihm das Gefühl geben, wertlos zu sein? Nein. Niemals.

Er wird Situationen anziehen, die ihm das Gefühl geben, unsagbar wertvoll und wichtig zu sein! Situationen, die sein Selbstwertgefühl noch verstärken. Und was wird dann passieren? Durch die Erfahrungen, die er jetzt macht und die Gefühle, die er erlebt, wird sich seine Überzeugung, wertlos zu sein, in Luft auflösen. Sie wird einfach durch eine neue Überzeugung ersetzt werden. Durch die neue Überzeugung, wird dieser Mensch weiterhin Situationen anziehen, die ihn in seiner Überzeugung bestärken. Er hat also durch ein einfaches Gefühl, das er sich einfach aus der Fantasie gegriffen hat, sein Leben verändert! Genauso funktioniert das Gesetz der Anziehung!

Auf diesem Prinzip ist das ganze Thema der »Realitätsgestaltung« aufgebaut. Jede Methode zielt darauf ab, negative Überzeugungen in positive zu verwandeln, um das Gesetz der Anziehung am besten für sich zu nutzen. Und am schnellsten und effektivsten funktioniert dies mit unseren Gefühlen. Unsere Gefühle sind der Motor, der die Wirklichkeit verändert. Unsere Gedanken sind nur die Richtungsweiser. Läuft der Motor auf Hochtouren (intensive Gefühle), ändert sich die Realität umso schneller. Verbunden mit einem inneren Bild ist dies ein wahrhaft scharfes Werkzeug! Du hast mit deinen Gefühlen, mit deiner Gabe der Fantasie und deinen Gedanken eine mächtige Waffe in der Hand. Stelle dir einmal eine solche Waffe vor. Sie funktioniert genauso wie ein Projektor. Du hältst diesen Projektor in den Händen. Obenauf ist eine kleine Halterung für ein Bild. In diese Halterung steckst du nun deine bildliche Vorstellung von der Erfüllung deines Traumes. Dieses Bild soll sich nun in die Wirklichkeit projizieren. Aber solange du den Motor nicht anschmeißt, wird nichts passieren. Jetzt drückst du den Knopf für den Motor. Die Waffe vibriert, gibt ein surrendes Geräusch von sich und das Licht geht an. Es strahlt das zuvor eingesetzte Bild in die Wirklichkeit und nun liegt es an dir, wie weit du den Pegel der Gefühle (die Intensität des Lichts) nach oben jagst. Je weiter du ihn hochjagst, umso stärker (schneller) projiziert die Waffe das Bild in die Wirklichkeit. Du wirst dabei regelrecht spüren, wie die Energie in dir steigt. Diese Energie ist der Antrieb. Der Motor. Diesen Motor brauchst du, um das projizierte Bild auf der Halterung Wirklichkeit werden zu lassen.

Wenn du reich, glücklich und zufrieden sein willst, musst du es nur oft genug in dir *sehen* und *fühlen*! Dann werden sich auch deine Überzeugungen entsprechend ändern und deine Wirklichkeit wird es ihnen gleich tun.

Die Wirklichkeit wird sich immer deinem Sein anpassen!

Und du erinnerst dich: Etwas zu sein bedeutet, es zu fühlen! Was du fühlst, ziehst du an. Achte also auf deine Gefühle. Mehr noch, als auf deine Gedanken. Mit deinen Gefühlen ziehst du die Wirklichkeit an, deine Gedanken zeigen nur die Richtung. Das ist das Gesetz der Anziehung.

Die Spielregeln

Fantasie!
Lass mich eintauchen in das Meer deiner Gefühle
und trage mich auf Wellen der Ekstase.
Hüte mich, schütze mich, hülle mich ein
in deinen Mantel aus Träumen.
Nimm meine Hand und geleite mich
auf dem Pfad der Sterne in die ewige Euphorie.

Um etwas in unser Leben zu ziehen, müssen wir es zunächst in uns er*leben* und *fühlen*. Und je intensiver wir in dieser Fantasie aufgehen, umso kraftvoller wirkt das Gesetz der Anziehung. Dabei gibt es aber auch Hindernisse. Zum Beispiel:

Die Absicht!

Wenn wir uns etwas wirklich wünschen, fällt es uns oft schwer den Wunsch loszulassen. Das heißt, wir klammern ständig mit der Angst daran: *Was ist, wenn es nicht klappt? Was, wenn es nicht wahr wird?* Dieser Gedanke und vor allem die Gefühle dahinter werden den Wunsch immer daran hindern wahr zu werden. Denn damit ziehen wir nur eins an: Noch mehr Angst!

Wenn wir also mit der Absicht visualisieren z.B. ein neues

Auto anzuziehen, kreisen die Gedanken ständig um Dinge, wie: Was ist, wenn es nicht klappt? Verdiene ich es überhaupt? Strenge ich mich genug an? Mache ich etwas falsch? Wie lange wird es dauern? Schaffe ich es bis zum … ? usw.

Diese Gedanken und Gefühle sind nur hinderlich und ziehen nur noch mehr Zweifel und Ängste an. Zweifeln wir daran, dass es funktioniert das Auto mit unseren Gedanken und Gefühlen anzuziehen, ziehen wir anstatt des Autos nur noch mehr Situationen an, in denen wir zweifeln, dass es funktioniert.

Es entstehen immer neue Situationen, die erneut das Gefühl hervorrufen, das du beim Visualisieren fühlst. Und wieder kommen wir auf die Wichtigkeit der Gefühle zurück. Stehst du beispielsweise unter Zeitdruck und musst es bis zu einem bestimmten Zeitpunkt geschafft haben das Auto anzuziehen, was für Situationen werden dann entstehen? Genau! Noch mehr Situationen, in denen du Zeitdruck spürst. Achte daher auf deine vorherrschenden Gefühle beim Visualisieren.

Wünsche ziehen Wünsche an!

Das Wünschen an sich besteht aus einem Gefühl des Mangels. Du empfindest einen Mangel und wünschst dir deshalb etwas. Wenn du keinen Mangel hättest, bräuchtest du dir ja auch nichts wünschen. Ist es deshalb falsch Wünsche und Ziele zu haben? Nein. Ganz und gar nicht. Wünsche sind sehr sinnvoll. Sie zeigen uns sehr genau, was wir wollen, in welche Richtung wir im Leben gehen wollen, was unsere Ziele sind. Und sie sagen viel über unsere Persönlichkeit aus. Aber zu mehr sind Wünsche einfach nicht da. Ihr einziger Daseinszweck besteht darin, uns den Weg zu zeigen! Wenn wir unseren Wunsch erst einmal kennen, ihn formuliert und ihn uns detailgenau ausgemalt haben, können wir ihn genauso gut auch wegschmeißen. Er erfüllt einfach keinen Zweck mehr. Er ist wirklich nur dazu da, uns bewusst zu machen, was wir wollen. Was uns glücklich machen würde. Wenn wir aber wissen, was wir wollen, wozu brauchen wir ihn also noch? Zu gar nichts. Wenn du dir darüber im Klaren bist, was du willst, wenn du dein Ziel deutlich vor Augen siehst, schmeiße den Wunsch weg. Du machst dabei keinerlei Verlust, sondern nur Gewinn! Denn, wenn du den Wunsch weiterhin hegst und pflegst, wirst du immer mehr Situationen anziehen, in denen du diesen Wunsch erneut spürst. Du wünschst dir zum Beispiel sehnlichst auf dem Land zu leben, weil du das Stadtleben satt hast? Dann wirst du immer mehr Situationen anziehen, die dich den Wunsch immer wieder und noch viel sehnlicher spüren lassen. Und je intensiver du wünschst, umso heftiger wird die Sehnsucht.

Warum ist das so? Weil das Gesetz der Anziehung das in dein Leben zieht, was du aussendest. Sendest du einen Wunsch, wird auch ein Wunsch zu dir zurückkehren. Und nicht die Erfüllung des Wunsches.

Du ziehst also nicht das an, was du dir wünschst, sondern den Wunsch selbst!

Viele Menschen achten nicht darauf, wenn sie das Gesetz der Anziehung nutzen und fragen sich, warum sie immer mehr Negatives anziehen. Warum alles immer schlimmer wird. Und leider wird in vielen Büchern über das Gesetz der Anziehung gerade das Wünschen als ultimative Erfüllungsmethode angepriesen. Da ist Frust leider vorprogrammiert. Das Wünschen ist ebenfalls ein Gefühl. Fühle einmal in dich hinein, wenn du dir sehnlichst etwas wünschst. Wie fühlt sich das an? Nicht sehr angenehm, oder? Sehnsucht ist ein ziehendes, trauriges Gefühl. Wenn du also Sehnsucht aussendest, wird Sehnsucht zu dir zurückkommen. Das war immer so und es wird immer so sein. Es ist ein Teufelskreis, aus dem man nur herauskommt, wenn man umdenkt und *umfühlt*.

Ein guter Weg, um aus diesem Teufelskreis auszubrechen, ist es, die Absicht, die durch den Wunsch hervorgerufen wird, vollständig loszulassen. Wenn du mit Absicht etwas visualisierst, wird sich immer ein Wunsch dahinter verstecken. Und damit auch das Gefühl des Mangels. Denn du hast es ja noch nicht und deshalb visualisierst du es, um es schließlich anzuziehen. Du willst den Mangel auflösen. Das ist die Absicht. Und somit wirst du immer Situationen anziehen, in denen du diese Absicht weiter verfolgen *musst*.

Wenn du möchtest, dass sich in der Wirklichkeit etwas

zeigt, das du haben willst, musst du aufhören es zu wollen und anfangen es zu haben! Suche dir etwas aus, was du gern hättest, lasse den Wunsch anschließend los, denn den brauchst du nicht mehr, und dann visualisiere es absolut **absichtslos**. Nur aus der Freude heraus! Weil es so einen Spaß macht, diese Gefühle zu spüren, wenn du dir vorstellst, dass du es bereits *hast*. Hier fängt das Spiel an!

Drehe dem Mangel den Rücken zu, lasse ihn einfach sein, was er ist, konzentriere dich auf die Glücksgefühle und visualisiere währenddessen die Erfüllung deines Wunsches. Aber denke während des Visualisierens nicht: »Wie lange wird es wohl dauern, bis es sich in der Wirklichkeit zeigt?« Denn dann verfolgst du wieder eine Absicht und das Gesetz der Anziehung wird dir Situationen bescheren, in denen du dir immer wieder *diese* Frage stellen wirst. Es ist gar nicht so kompliziert, wie es vielleicht auf den ersten Blick scheint. Wenn du die Absicht weglässt, löst sich jeder Wunsch und jeder Zweifel in Luft auf! Denn du verfolgst ja kein Ziel mehr. Du visualisierst nicht mit der Absicht z.B. einen Urlaub anzuziehen. Also kannst du auch nicht scheitern. Du machst es einfach aus Spaß an der Freude. Du stellst dir vor, wie es ist, am Strand zu liegen. Du spürst den Sand und die warme Brise. Und du genießt einfach dieses Spiel mit der Fantasie. Das Gute daran ist, dass du dich dabei einfach glücklich fühlen kannst, ohne, dass ein negativer Gedanke dabei stört. Denn es ist ja nur ein Spiel. Und gegen Spiele hat der Verstand nichts. Er kann nicht meckern und nörgeln, dass diese Fantasie ja nicht der Wirklichkeit entspricht und es überhaupt sehr fraglich ist, ob dieser ganze Kram mit dem

Gesetz der Anziehung überhaupt funktioniert. Du stellst ihn einfach ruhig, indem du ein Spiel daraus machst. Und wenn es keinen Gedanken gibt, der zweifelt und auch kein Wunsch existiert, der ein Gefühl von Mangel aussendet, gibt es absolut keine Hindernisse mehr. Und dein Wunsch verwirklicht sich in einem rasanten Tempo!

Als ich die Methode der Absichtslosigkeit zum ersten Mal ausprobiert habe, bekam ich regelrecht Angst vor mir. Ich hatte Situationen, die mich verärgert haben, wirklich den Rücken zugekehrt (sie also einfach akzeptiert und losgelassen) und mich auf Glücksgefühle konzentriert. Wenn ich eine Situation nicht mochte, habe ich sie einfach hingenommen und nicht mehr beachtet (ihr keine Energie mehr geschenkt) und mir grundlos Glücksgefühle gemacht. Und dann habe ich mir vorgestellt, wie mir die Situation stattdessen gefallen würde und habe sie in meinem Kopf durchgespielt. Es vergingen nicht einmal Minuten und die Situation trat genauso ein, wie ich sie mir vorgestellt hatte! Ich war natürlich völlig platt und habe es bei nächste Gelegenheit noch einmal ausprobieren wollen, um sicherzugehen, dass ich mir da auch nichts zusammen gesponnen hatte. Ich ging wieder in derselben Reihenfolge vor: Das Problem akzeptieren und loslassen, ihm den Rücken zukehren, grundlos Glücksgefühle in mir entstehen lassen und mir Dinge vorstellen, die ich stattdessen mag. Wenn es beispielsweise eine lange Schlange an der Kasse war, die mich nervte, stellte ich mir stattdessen eine Kasse ohne Schlange vor. Diese Vorstellung steigerte meine zuvor erschaffenen Glücksgefühle natürlich noch mehr. Und die

Absichtslosigkeit, die Tatsache, dass ich kein Ziel damit verfolgte, ließ den Glücksgefühlen und dem Gesetz der Anziehung völlig freie Bahn. Fast im selben Moment kam eine Kassiererin und öffnete eine neue Kasse. Und wen winkte sie zu sich? Mich! So ging es den ganzen Tag weiter und am Ende des Tages musste ich alles erst einmal sacken lassen. Denn diese kleinen Situationen zeigten mir, dass die Absichtslosigkeit nicht nur eine weitere Möglichkeit war das Gesetz der Anziehung effektiv zu nutzen. Sie war DER Weg. Aus kleinen Situationen wurden schließlich große und mir wurde immer mehr bewusst, wie wichtig die Gefühle beim Erschaffen der Realität sind. Sie sind von entscheidender Bedeutung! Du kannst mit deinen Gefühlen alles erschaffen, was du dir vorstellen kannst! Wenn du krank bist, kannst du dich mit deinen Gefühlen heilen, wenn du arm bist, kannst du mit deinen Gefühlen Reichtum anziehen. Achte täglich auf deine Gefühle und sorge dafür, dass sie nicht durch Zweifel behindert werden. Dies erreichst du am besten durch Akzeptanz und die Absichtslosigkeit.

Deine Gefühle sind es, die deine Welt verändern. Fühle die Erfüllung deiner Wünsche. Das Gesetz der Anziehung wird dann Situationen in dein Leben ziehen, die das Gefühl des erfüllten Wunsches aufrechterhalten und verstärken. Und um das zu erreichen, muss es den Wunsch erfüllen. So einfach ist das!

Entscheidest du dich jetzt in diesem Moment dafür, ein Gefühl von Euphorie in dir explodieren zu lassen (einfach so, aus Spaß!), wird sich diese Euphorie sehr bald in deinem

Leben widerspiegeln. Zum Beispiel in Form von Ereignissen oder Situationen, die genau *diese* Euphorie erneut in dir hervorrufen werden. Probiere es aus! Noch heute!

Lasse die Absicht los und visualisiere absichtslos!

Sei einfach absichtslos und grundlos glücklich. Es klingt zwar paradox, sich *grundlos* glücklich zu fühlen, aber es ist der beste Weg, um sich echte Gründe zum Glücklichsein anzuziehen. Und es ist ganz einfach. Was würdest du alles tun, um deine sehnlichsten Wünsche wahr zu machen? Was würdest du auf dich nehmen, um sie dir endlich zu erfüllen? Ganz bestimmt würdest du die schwerste Arbeit auf dich nehmen, wenn deine Wünsche dadurch wahr werden könnten. Aber tatsächlich musst du nichts weiter tun, als glücklich zu sein. Und du brauchst nicht einmal einen Grund dafür. Wenn das wirklich alles ist, was nötig ist, um dein Leben zu ändern, willst du es dann nicht einfach tun? Du hast nichts zu verlieren. Probiere es aus. Spiele mit deinen Gefühlen. Lasse sie einfach so in dir entstehen. Es gibt nichts, was deine Gefühle aufhalten kann, denn du allein bestimmst darüber.

Das Gesetz der Anziehung wird schließlich auf *diese* Gefühle reagieren. Reagieren *müssen*. Das ist seine Aufgabe. Stelle dir nun mit diesen Gefühlen einfach vor, wie wäre es wenn … und habe richtig Spaß dabei. Gehe in deiner Fantasie auf und erlebe die Erfüllung deiner Träume immer und immer wieder. Und sei glücklich dabei! Spiele dieses

Spiel so oft du kannst. In jeder freien Minute. Denn es macht nicht nur Spaß, es erschafft auch deine Wirklichkeit! Fühle, wie es sich an*fühlt* das Gewünschte bereits zu *haben* oder zu *sein*. Je öfter und intensiver du glücklich bist und diese Glücksgefühle in dir spürst, umso schneller werden sich deine Überzeugungen entsprechend ändern und eine andere Realität für dich anziehen.

Mit dem Kämpfen aufhören!

Dies ist eine weitere Regel in diesem Spiel. Den inneren Kämpfen ist ein großer Teil in »Euphoria – Das Spiel der Götter« gewidmet. Denn es sind hauptsächlich die Kämpfe, die uns leiden lassen und die Wünsche daran hindern, wahr zu werden. Wie in der Einführung schon erwähnt, kämpfen wir gegen alles Mögliche. Wir kämpfen gegen Krankheiten, gegen Armut, gegen den Nachbarn, gegen das Verhalten anderer Menschen und gegen uns selbst … Wir kämpfen immerzu gegen irgendetwas. Wenn uns etwas nicht gefällt, kämpfen wir. Das ist so in uns verankert und gespeichert, dass wir oft gar nicht merken, dass wir überhaupt kämpfen. Wir merken es erst, wenn wir uns unwohl fühlen, traurig oder wütend sind oder sich unerklärliche Aggressionen in uns zeigen.

Mit dem inneren Kampf ist zum Beispiel Abwehr gemeint. Wir wehren uns innerlich dagegen, regen uns auf, schimpfen, meckern, jammern, werden wütend, traurig, frustriert und sogar aggressiv. Das Schlimme ist nur, dass wir die Situation oder den Umstand dadurch nicht ändern! Wir wenden so viel Energie für den Kampf auf und dann nützt es nicht einmal etwas. Im Gegenteil! Es wird noch schlimmer. Wenn wir uns mit Händen und Füßen und mit all unseren negativen Gefühlen und Gedanken, die wir aufbringen können, gegen etwas wehren, machen wir es damit stärker. Denn es bekommt unsere ganze Aufmerksamkeit! Und all unsere Energie. Zusätzlich macht uns der ständige Kampf auch noch krank, denn ein Kampf bedeutet Stress. Und wenn wir andauernd gestresst sind, wirkt sich das negativ auf unseren Körper aus.

Wie können wir also mit dem Kämpfen aufhören? Ganz einfach: Indem wir alles akzeptieren. Und zwar ganz genauso, wie es jetzt ist. Das bedeutet nicht, dass wir es gutheißen müssen. Wir nehmen es einfach als die momentane Wirklichkeit an und akzeptieren es. Akzeptiere das leere Konto und all deine Gefühle, die damit verbunden sind. Du bist wütend darüber, dass kein Geld da ist, traurig und frustriert? Akzeptiere es. Oder bist du krank und willst deine Krankheiten endlich los werden, so wie Lucy in »Das Spiel der Götter«? Akzeptiere deine Krankheiten und auch deine Gefühle und Gedanken dazu. Nimm einfach alles an. Du kannst es nicht ändern, wenn du dich dagegen auflehnst. Es *ist* einfach so. Das ist die Realität und sie ist weder gut noch schlecht. Sie *ist* einfach. Versuche sie nicht zu bewerten. Erst unsere Bewertung macht einen Umstand zu etwas Gutem oder etwas Schlechtem. Du kannst deine Krankheiten als etwas Fürchterliches betrachten oder als etwas, das dir einen Hinweis geben will. Das leere Konto könnte entweder die Hölle für dich sein oder eine Möglichkeit, über Ideen nachzudenken. Ideen, die dir vielleicht nie gekommen wären, wenn du keine Geldsorgen hättest. Keine Situation, kein Gedanke oder Gefühl ist jemals schlecht oder gut. Alles *ist* einfach. Wenn wir das Leben so betrachten, hören wir auf zu kämpfen.

Wir müssen uns im Grunde überhaupt nicht über irgendetwas aufregen. Wenn wir etwas erleben, das uns nicht gefällt, sehen wir es uns an, akzeptieren, dass es so ist und dann konzentrieren wir uns auf eine Lösung.

Das Konto ist leer? Ja, es ist leer. Punkt.

Da ist eine Krankheit? Ja, da ist eine. Punkt.

Einsam? Ja. Punkt.

Die Kindheit war ein Desaster? Jap. So war es. Ende.

Es bringt überhaupt nichts, sich dagegen zu wehren oder irgendjemandem die Schuld dafür zu geben. Niemand ist *Schuld* an unserem Leben. Es waren einfach die Umstände, die Menschen und Situationen, die mit hineingespielt haben. Und auch unser eigenes Denken. Verfolgen wir die Umstände und Situationen zurück, die unser Leben ausmachen, sind auch diese durch bestimmte Momente entstanden. Momente, an denen wir vielleicht gar nicht beteiligt waren. Und verfolgen wir das Verhalten der Menschen zurück, die in unserem Leben mitgespielt haben und vielleicht negativ darauf einwirkten, sind auch ihre Verhaltensmuster irgendwann durch irgendwelche Situationen entstanden. Man kann also niemals wirklich jemandem die Schuld an irgendetwas geben. Dann müssten wir nämlich alles mit einbeziehen. Womöglich die ganze

Welt. Denn es hat so viel in unser Leben mit hineingespielt, dass wir gar nicht mehr sagen können, wann die Kette der negativen Umstände begonnen hat.

Schuld ist also ein schwieriges Wort. Genauso wie das Wort *Kampf*. Gegen etwas zu kämpfen, dass sich einfach als Realität in deinem Leben zeigt, ist völlig nutzlos. Sieh dir die Realität einfach an und akzeptiere sie. Akzeptiere auch dich und all deine Gefühle und Gedanken. Verdränge sie nicht. Sie gehören zu dir und haben ihre Daseinsberechtigung und ihren Grund. Du musst nichts, absolut nichts in deinem Leben bekämpfen. Nicht einmal deine schlechten Gefühle und Gedanken. Alles ist okay, so wie es ist.

Du musst dich auch nicht dazu zwingen, positiv zu denken, wenn es dir schlecht geht. Du brauchst dich auch nicht gegen deine Gedanken zu wehren, die zwangsläufig auftauchen, wenn dich jemand schlecht behandelt, wenn dein Konto Miese aufzeigt oder du krank bist. All deine Gedanken und Gefühle sind in Ordnung und das Leben, das sich vor deiner Nase zeigt, ist ebenfalls in Ordnung. Alles *ist* einfach. Wenn du aufhörst, gegen dich und das Leben anzukämpfen, lösen sich meist schon eine Menge Blockaden, Krankheiten, negative Umstände usw. einfach auf. Wenn du das Leben nicht mehr bekämpfst, kämpft es auch nicht mehr gegen dich. Und sobald die Kämpfe aufhören, kannst du dich mit all deiner Kraft auf Lösungen und auf die Erfüllung deiner Wünsche konzentrieren. Darauf, dein Leben so zu verändern, wie du es haben willst. Wenn du aufhörst zu kämpfen, wird dir das Universum oder das Leben keine Situationen mehr schicken, die dich weiter kämpfen lassen.

Das Gesetz der Anziehung schickt dir das, was du aussendest. Kämpfst du, schickt es dir einen Kampf. Schließt du Frieden mit dem Leben, tut es dasselbe mit dir.

Die Akzeptanz ist deshalb ein so großes Thema in Lucys Geschichte, weil sie der erste Schritt im Spiel der Götter ist. Ohne Akzeptanz lassen sich die anderen Spielregeln nicht umsetzen. Beispielsweise versucht Lucy in ihrer Geschichte gegen ihre Ängste und negativen Gedanken anzukämpfen. Weil sie sich vor deren Verwirklichung fürchtet. Aber sie muss lernen, dass ihre Gedanken nichts Böses sind. Sondern, dass sie ihr nur helfen wollen. Negative Gedanken und Gefühle zeigen einem nur die eigenen Überzeugungen und Bewertungen auf. Die Dinge, die einen unglücklich machen, wenn sie einträfen. Mehr sind negative Gedanken nicht. Sie sind einfach nur Hinweise. Informationen für dich. Und als solche sollte man sie auch betrachten.

Lucy jedoch bekommt Panik, was in ihrer Situation auch angebracht ist, denn ihre Gedanken verwirklichen sich leider in einem rasanten Tempo. Sie sieht das negative Bild vor ihrem inneren Auge und will es einfach nur weg haben, damit es sich nicht verwirklicht. Und in dieser Situation merkt sie, dass es durch den Kampf dagegen immer schlimmer wird. Das Bild wird immer stärker und fordernder, zeigt sich immer deutlicher und farbenprächtiger. So lange, bis sie endlich aufhört, dagegen anzukämpfen. Sie nimmt es an, bewertet es nicht mehr und akzeptiert es. Auch, wenn es erschreckend ist. Aber durch die Akzeptanz hat das Bild schließlich aufgehört sich in ihren Kopf zu *kämpfen*.

Mit dem Kämpfen aufzuhören und zu akzeptieren ist also die wichtigste Spielregel in »Euphoria«. Erst danach kommen die anderen Regeln. Denn ohne Akzeptanz lässt sich das absichtslose Glücklichsein nicht umsetzen. Weil immer ein Kampf im Weg ist.

Versuche einmal dir grundlos Glücksgefühle zu machen, während du dich mit Leib und Seele gegen dein Leben auflehnst. Es wird nicht funktionieren.

Es gibt kein »da draußen«!

Wenn wir das Spiel der Götter richtig spielen wollen, müssen wir verstehen, dass unser Unterbewusstsein nicht zwischen *draußen* und *drinnen* unterscheidet. In »Euphoria – Das Spiel der Götter« wünscht Lucy dem Offizier, der sie entführt hat, aus Wut eine Krankheit an den Hals, wird aber zugleich von Nikolas zur Vernunft gerufen. Er erklärt Lucy die Sache mit folgenden Worten:

Dein Unterbewusstsein kann nicht zwischen Außen und Innen unterscheiden. Oder ob du jemand anderen eine Krankheit wünschst oder dir selbst. Es hört nur, dass du sie dir wünschst. Mehr nicht. Damit kannst du dir versehentlich eine ziemlich unangenehme Realität anziehen.

Genauso verhält es sich nicht nur mit Wut- und Rachegedanken, sondern auch mit allem Anderen. Wenn wir jemanden beschimpfen oder beleidigen, selbst, wenn es nur in Gedanken ist, beschimpfen wir uns im Grunde nur selbst. Der Vers aus der Bibel: »Was du nicht willst, das man dir tue, das füg' auch anderen nicht zu« ist also sehr wahr. Das hat meiner Meinung nach weniger mit Karma oder biblischem Glauben zu tun, sondern mehr mit dem Gesetz der Anziehung. Das, was du aussendest, kommt zu dir zurück. Wenn du aus Wut über jemanden schimpfst, ihn oder sie als dumm, gemein, unfähig oder hässlich bezeichnest, fallen diese Bezeichnungen auf dich selbst zurück. Für dein Unterbewusstsein klingt das, als würdest du dich selbst beschimpfen und als Folge wird dein Selbstbewusstsein darunter leiden müssen, wenn du ständig beleidigende und erniedrigende Worte gebrauchst.

Bedeutet das, dass man sich nicht wehren darf, wenn man angegriffen wird? Nein! Wenn das Verhalten eines Menschen schädlich für dich ist, ist es ratsam und auch wichtig, dass du dich schützt. Allerdings nicht mit einem Kampf. Man kann einem verbalen Angriff mit einem wütenden Gegenangriff begegnen, oder aber man reagiert mit Ruhe und Gelassenheit. Doch das funktioniert nur, wenn man akzeptiert und ein gewisses Maß an Selbstbewusstsein und Selbstliebe hat. Macht dich eine Beleidigung rasend vor Wut, hat dies etwas mit dir selbst zu tun. Würdest du in dir ruhen, könnte dich die Beleidigung nicht treffen. Schaue also nach, was du für *dich* tun kannst, um diese innere Stärke zu erhalten. Dann wirst du zu einem unumstößlichen Felsen und alle Beschimpfungen und Beleidigungen prallen an dir ab, weil sie nichts mehr mit dir zu tun haben.

Nikolas und seine Freunde strahlen ebenfalls diese innere Ruhe und Gelassenheit aus. Das beste Beispiel für diese innere Stärke und Erhabenheit ist wohl Alea. Nichts kann sie jemals aus der Bahn werfen, denn man spürt geradezu die

Liebe, die sie für sich selbst empfindet und den Respekt, den sie ausstrahlt. Respekt für die eigene Person. Ein solcher Mensch ist schwer zu beleidigen, denn er weiß, dass Beleidigungen und Beschimpfungen nichts mit ihm zu tun haben, sondern mit dem Menschen, der ihn gerade *bekämpft*. Eigentlich braucht kein Mensch jemals einen anderen Menschen beleidigen. Es kann alles auch mit vernünftigen Worten gesagt werden. Wenn aber jemand beleidigend wird, verbirgt sich dahinter immer ein Kampf gegen sich selbst.

Bestimmt gibt es auch in deinem Leben Menschen, die dich bekämpfen. Weil du nicht so bist, wie du ihrer Meinung nach sein solltest. Oder etwas nicht so gemacht hast, wie es jemand wollte. Jedoch haben diese Kämpfe der anderen meist nichts mit dir zu tun. Sie kämpfen gegen sich selbst. Weil ihre Ansichten vom Leben und ihre Überzeugungen nicht mit dir und deinem Verhalten übereinstimmen. Würden sie einfach akzeptieren, wie du bist und was du tust, bräuchten sie nicht kämpfen.

Die Erkenntnis dahinter: Es gibt kein Draußen und kein Drinnen. Alles ist Eins. Wenn du etwas oder jemanden hasst, wo entsteht dann das Gefühl des Hasses? *In dir!* Dieses Gefühl wird dir schaden, denn Hass, der in *dir* entsteht, wirkt sich auf *dich* und *dein* Leben aus. Nicht auf das Leben eines anderen. Lehnst du jemanden oder etwas ab, bist *du* es, der die Ablehnung fühlt. Sie wird sich auf dich und dein Leben auswirken. Empfindest du aber für jemanden oder etwas Liebe, Zuneigung, Verständnis, Frieden, Dankbarkeit oder einfach nur Akzeptanz, wirken sich auch diese Gefühle auf dich und dein Leben aus. Denn *du* bist es, der sie fühlt!

Jemandem zu verzeihen beispielsweise, heißt also nicht, dass du jemanden ent-**schuld**-igst (zumal es Schuld ja nicht gibt) und es heißt auch nicht, dass du jemandem etwas durchgehen lässt, obwohl er es deiner Meinung nach nicht verdient hat. Es heißt überhaupt nicht, dass du *für* eine andere Person etwas tust. Verzeihen ist eine Handlung, die du ganz allein für *dich* tust! Um mit *dir* Frieden zu schließen. Wütend auf jemanden zu sein, wirkt sich nicht negativ auf die Person aus, auf die man wütend ist, sondern leider nur auf uns selbst. Man kann jemanden noch so sehr hassen und das Schlimmste an den Hals wünschen, aber letzten Endes sind *wir* es, die diese Gefühle *haben* und *erleben*. Und wir sind es, die mit den Auswirkungen dieser Gefühle rechnen müssen. Denn Wahrnehmung, Gefühle und Gedanken entstehen nur in dir. Und auf *dich* wirken sie sich aus.

EUPHORIA

Das Spiel

Dein Lächeln ist die Sonne, das pure Glück
mit seinem verspielten Umhang aus Freude.
Umschmeichelst mich mit deinem Blick,
so tief und weit wie das Universum.
Voller Liebe.

Jetzt, wo du die Grundlagen kennst, kommen wir zu dem Spiel. Zum Spiel der Götter. Du weißt jetzt, wie das Gesetz der Anziehung funktioniert. Gleiches zieht Gleiches an. Wie innen, so außen. Das, was wir im Innen *sind*, das, was wir *fühlen*, das ziehen wir an.

Nun kommen wir dazu, unsere Gefühle so zu lenken, dass wir das anziehen, was wir möchten. Du weißt bereits, dass du ganz grundlos, also ohne eine Ursache, Glücksgefühle in dir entstehen lassen kannst. Das ist deshalb wichtig, weil du diese Fähigkeit zum Spielen brauchst.

Nehmen wir ein Beispiel einmal den weit verbreiteten Wunsch nach Wohlstand. Sagen wir du bist arm und möchtest gern reich sein. Was ist nun zu tun?

Zunächst einmal solltest du alles in dir und um dich herum akzeptieren. Nicht nur, dass du gerade kein Geld hast, deine Rechnungen womöglich nicht bezahlen kannst, das Konto im Minus ist, sondern auch deine Gefühle dazu. Deine Wut, dein Frust, die Traurigkeit, den Ärger. Einfach alles. Akzeptiere auch den Wunsch und die Sehnsucht nach Geld. Alle Gefühle und alle Gedanken sind vollkommen okay. Sie gehören zu dir, sind ein Teil von dir und haben ihren Grund und ihre Ursache. Versuche nicht, sie mit positivem Denken loszuwerden. Das wäre ein Kampf und würde alles nur noch schlimmer machen. Nimm einfach alles an. Wenn du das geschafft hast, wirst du wahrscheinlich schon merken, wie sich alles in dir entspannt. Du atmest tiefer, dein Herz schlägt ruhiger und dein Körper fühlt sich wunderbar entkrampft und weich an. Und jetzt kommen wir zum nächsten Schritt.

Lass dein Leben, dich selbst und die Situationen einfach so sein, wie sie sind und konzentriere dich jetzt auf das Spiel. Es ist wie eine Pause, die du in deinem Leben einlegst. Du hast gerade fleißig gearbeitet, stehst nun von deinem Schreibtisch auf, streckst dich genüsslich und drehst dem Ganzen einfach mal den Rücken zu, machst dir einen Kaffee oder gehst spazieren. Ein bisschen frische Luft wird dir jetzt gut tun, nach all der Arbeit. Genau das ist »Euphoria«. Es ist ein Spiel. Zu Anfang spielen wir es in der Pause, wenn wir gerade nichts Anderes machen. Wenn wir schon geübt sind, können wir es in unser Leben integrieren und pausenlos spielen. Aber am Anfang machen wir dafür eine Pause.

Lehne dich jetzt also zurück und lasse einfach so, völlig grundlos und unabhängig davon, wie dein Leben gerade aussieht, Glücksgefühle in dir entstehen. Erinnere dich daran, wie sich Glücksgefühle anfühlen. Sie kribbeln im

Bauch und ziehen deine Mundwinkel nach oben. Du hast sicher schon Momente erlebt, in denen es dir genauso ging. Erinnere dich daran und halte das Gefühl fest. Steigere dich hinein und lasse es stärker werden. Immer stärker und stärker. Und mache es so lange, bis du vor Glück zerspringen könntest! Nimm dir so viel Zeit dafür, wie du brauchst.

Wenn du jetzt das Glück in dir kribbeln spürst, kommen wir zum nächsten Schritt. Aber mach nicht weiter, bevor du nicht wie ein Honigkuchenpferd grinst. ;-)

Als nächstes lass mit all deinen Glücksgefühlen Bilder in deinem Kopf entstehen. Bilder, die du magst. Du kannst dir jetzt vorstellen, wie sich Reichtum anfühlen würde. Was ist es für ein Gefühl, wenn dein Konto aus allen Nähten platzt? Oder wie ist das, wenn du mit einem dicken Portemonnaie durch die teuersten Geschäfte flanierst und dir alles kaufst, was du möchtest. Stell dir den Reichtum in den prächtigsten Farben vor und spiele die schönsten Szenen in deinem Kopf durch. Tue es aus Spaß! In diesem Moment spielst du ein Spiel. Und Spiele sollen Spaß machen. Verfolge also keine Absicht mit diesem Spiel. Du spielst es nur aus einem einzigen Grund: Weil es sich gut anfühlt und weil es Freude macht. Spiele so lange, wie du Lust dazu hast und wenn du merkst, dass deine Glücksgefühle abflauen, lasse sie spaßeshalber wieder nach oben schießen. Einfach so.

Wenn du eine Weile gespielt hast und es Zeit ist, wieder in deine reale Welt zurückzukommen, tue es einfach. Du kannst, während du in deinen Alltag zurückkehrst, auch weiterspielen. Lasse einfach Glücksgefühle in dir entstehen, während du bügelst oder wenn du das Auto wäschst oder die Wohnung putzt. Du kannst auch spielen, wenn du an der Arbeit bist. Du wirst dich wundern, was in diesen Momenten für unglaubliche Dinge geschehen! Die Menschen sind plötzlich viel freundlicher zu dir und alles geht dir ganz leicht von der Hand. Du ziehst Situationen an, die dir noch mehr Glücksgefühle bescheren. Das alles nur, weil du grundlos glücklich bist. Du ziehst also durch grundlose Glücksgefühle *wirkliche* Gründe zum Glücklichsein an. Es scheint, als wüsste das Universum oder die Welt genau, was dich glücklich machen würde. Das Gesetz der Anziehung zieht für dich Situationen an, die das Gefühl in dir entstehen lassen, das du *jetzt* gerade fühlst. Und du kannst jedes beliebige Gefühl in dir wachrufen. Es ist deine Wahl.

Achte aber beim Spielen von »Euphoria« immer auf die Regeln, die ich im folgenden Teil noch einmal nacheinander aufliste. Und spiele absichtslos. Und unabhängig.

1. Wünsche ziehen Wünsche an

Es ist in Ordnung Wünsche zu haben, aber wenn du weißt, was du willst, kannst du den Wunsch auch weglegen. Du brauchst ihn nicht mehr.

2. Die Absicht loslassen

Die Absicht, ein Ziel mit den Glücksgefühlen oder dem Visualisieren zu verfolgen, verbirgt einen Mangel. Lasse die Absicht los und spiele aus Spaß. Unabhängig von der Situation. Das Gute ist: Das Gesetz der Anziehung hat durch die Absichtslosigkeit völlig freie Bahn und verwirklicht deine Wünsche umso schneller.

3. Mit dem Kämpfen aufhören

Kämpfe blockieren und sie machen krank und kraftlos. Akzeptiere alles, wie es ist. Es lässt sich durch einen inneren Kampf nicht ändern. Im Gegenteil. Es wird noch schlimmer. Akzeptiere das Problem und alles, was damit zusammenhängt und bewerte es nicht weiter. Es ist da und es ist okay so. Es wird sich schon bald in Luft auflösen.

4. Es gibt kein »da draußen«

Achte darauf: Dein Unterbewusstsein unterscheidet nicht dazwischen, was du über andere denkst oder was du über dich selbst denkst.

5. Die Aufmerksamkeit ausrichten

Richte deine Aufmerksamkeit auf das Spiel und die Dinge,

die du magst. Unabhängig von dem Problem. Das heißt: Ganz egal, wie es gerade in deinem Leben aussieht, akzeptiere es und spiele.

6. Gefühle

Lasse grundlos Glücksgefühle in dir entstehen. Einfach so. Du hast mit höchster Wahrscheinlichkeit mindestens hundert Gründe, um dankbar und glücklich zu sein. Wenn du aber gerade keinen Grund finden kannst, sei *grundlos* glücklich. Gefühle sind sehr mächtig. Aber sie unterliegen *deiner* Entscheidung. Entscheide dich also besser für positive Gefühle, um Positives in dein Leben zu ziehen. Aber vergiss nicht auch alle negativen Gefühle in dir zu akzeptieren und anzunehmen. Wenn du das nicht tust, werden sie nur umso stärker.

7. Spiele!

Spiele »Euphoria« so oft du kannst. Lasse täglich Glücksgefühle in dir entstehen und beobachte, wie sich dein Leben immer mehr in eine Aneinanderkettung von Glücksmomenten verwandelt. Es ist ganz einfach. Spiele das Spiel aus Spaß! Absichtslos. Mache dir Glücksgefühle und stelle dir vor, wie sich die Erfüllung deines Wunsches anfühlen würde. Das ist alles, was du tun musst. Durch die Absichtslosigkeit lösen sich alle Hindernisse und Blockaden einfach in Luft auf und dein Wunsch wird umso schneller wahr.

Spielregel X

Das Euphoria-Spiel ist für mich eine spannende und scheinbar endlose Entwicklungsreise. Seit der Veröffentlichung des ersten Buches ist viel passiert. Es hat sich viel verändert und entwickelt und besonders stark waren die Veränderungen immer dann, wenn ich gerade an einem Euphoria-Buch schrieb. Als ich am Ende der Euphoria-Romanreihe angekommen war, veränderte sich wieder etwas. Es eröffnete sich eine neue Erkenntnis, die eigentlich gar nicht neu war. Sie war einfach der krönende Abschluss dieser Geschichte, die ich mit so viel Leidenschaft und Freude geschrieben und miterlebt hatte. Und sie fasste in ihrer Einfachheit alles zusammen, was in all den Euphoria-Jahren geschehen war.

Es macht mir Spaß meine Entwicklungsschritte und -phasen mit anderen Menschen zu teilen, so dass ich vielleicht auch ihnen auf ihrem Entwicklungsweg helfen kann. Und deshalb möchte ich diesen Abschluss und die damit verbundene Erkenntnis mit einer neuen Auflage der »Spielanleitung« mit den Menschen teilen.

Die Spielregel X ist keine neue Regel und sie ist kein fehlendes Puzzleteil im Spiel der Götter. Sie ist kein fehlendes Stück, das noch zum Funktionieren des Spiels gefehlt hat. Sie ist einfach die Erkenntnis, auf die Euphoria in all den Jahren zugesteuert ist. Die ganze Geschichte zielte auf diese große Erkenntnis ab, ohne, dass ich es bemerkt habe. Erst im fortgeschrittenen Verlauf erkannte ich, wo dies alles enden würde.

Euphoria ist für viele Menschen, sowie auch für mich, eine Möglichkeit sich Glück zu erschaffen und das Leben in positivere Bahnen zu lenken. Doch als ich an dem 4. und 5. Euphoria-Roman schrieb und während ich an dem Buch »Aina – Herzorgasmus« arbeitete, beschäftigte mich ein ganz entscheidendes Thema: Die Polarität.

Ich erkannte, dass, wenn ich mir Glück erschaffte, es gleichzeitig auch Unglück gab. Denn kein Pol kann ohne seinen Gegenpol existieren. Erst durch die Polarität haben wir die Möglichkeit, die Dinge um uns herum zu erkennen. Ohne Nacht könnten wir den Tag nicht erkennen und ohne Mangel gäbe es keine Fülle. Ich erschuf mir also mit Glück auch Unglück, da dies zwei gegensätzliche Pole sind, die ohne einander nicht existieren könnten. Ich könnte das Glück nicht erkennen, wenn es das Unglück nicht gäbe. Und ich könnte das Glück auch nicht fühlen, wenn ich noch nie Unglück gefühlt hätte. Das beschäftigte mich sehr und ich verarbeitete diese Gedanken nicht nur in der Euphoria-Geschichte, sondern auch in »Aina – Herzorgasmus«, dem Roman, der die Vorgeschichte der Emilia/Herz-Reihe bildet, einer Romanreihe, in der es eben um diese Polarität geht.

Wie so oft entwickelte sich, während ich die Geschichten schrieb, eine Erkenntnis. Ich dachte darüber nach, ob es diese Polarität eigentlich wirklich gab, oder ob sie nur eine subjektive Wahrnehmung war, also eine Bewertung.

Ich ging ein paar Beispiele durch. Was war mit den gegensätzlichen Polen Mangel und Fülle? Gab es diese Pole?

Würde ich einen anderen Menschen in meine Lebenssituation setzen, würde er sich erfüllt fühlen, während sich ein anderer wiederum im Mangel wiederfinden würde. Was, wenn jemand 2 Euro auf dem Konto haben würde? Wäre das Fülle oder Mangel? Wer *beurteilt* das? Es kommt auf den Menschen an. Einer würde sich arm wie eine Kirchenmaus fühlen und ein anderer reich. Jemand, der sich nach einer erfüllenden Partnerschaft sehnt, würde sich einsam fühlen, während ein glücklicher Single von Einsamkeit nichts spüren würde.

Letzten Endes scheinen Pole also nur Bewertungen unseres Verstandes zu sein. Arm – reich, glücklich – unglücklich, groß – klein, schön – hässlich, hell – dunkel, gut – böse, schlau – dumm, Tag – Nacht, usw. Es sind Bewertungen, mit denen wir diese Welt wahrnehmen und in all ihren Facetten erleben können.

Polarität bedeutet Trennung. Durch diese Trennung haben wir die Möglichkeit Dinge erkennen zu können, die wir ohne diese Trennung nicht bemerken würden. Hätten wir den Tag nicht von der Nacht getrennt, gäbe es diese beiden Gegensätze nicht. Dann gäbe es nur den *Zyklus*. Dieser Tag heute ist nicht das Gegenteil der kommenden Nacht. Sie sind eins. Sie gehören einem Zyklus an, den wir hier auf der Erde erleben.

Hätten wir Armut nicht von Reichtum getrennt, gäbe es auch diese Gegensätze nicht. Dann gäbe es nur *die Fülle*. Mal mehr Fülle, mal weniger. Die Trennung der Pole ist nur eine Möglichkeit, die Dinge gegensätzlich zu betrachten. Die Trennung von Materie und Geist ist ebenfalls eine solche

Möglichkeit. Jedoch wissen wir heute, dass Materie und Geist nicht getrennt werden können, da sie Eins sind. Materie *besteht* aus Geist und Geist kann sich *materialisieren*.

Wir erschaffen uns diese Gegensätze selbst, indem wir die Welt bewerten und kategorisieren. Sobald wir einen Pol sehen, also eine Bewertung, wie zum Beispiel Fülle, existiert in gleichem Maße auch sein Gegenpol, der Mangel. Denn in unserem Kopf gibt es zu jedem Pol auch einen Gegenpol. Wir erschaffen den Mangel mit, wenn wir uns Fülle erschaffen. Denn wir können Fülle nur erschaffen, weil es einen Gegenpol dazu gibt. Ohne Gegenpol könnten wir die Fülle gar nicht sehen. Erschaffen wir Reichtum, gibt es gleichzeitig auch Armut in uns und diese Armut versuchen wir zu vermeiden oder zu beenden (bekämpfen), während wir die Fülle anstreben (beabsichtigen). Und hier tauchen wieder die zwei größten Fehler beim Spiel der Götter auf: Der Kampf und die Absicht. Wir bekämpfen den einen Pol und beabsichtigen den anderen. Beides ruft genau das Gegenteil dessen hervor, was wir eigentlich wollen. Der Kampf gegen den Mangel macht den Mangel nur noch größer und die Absicht Fülle zu erschaffen, treibt die Fülle von uns.

Durch das Spielen von Euphoria, also durch das Einhalten dieser beiden Regeln (Absichtslosigkeit und Akzeptanz), geschieht jedoch etwas sehr Wichtiges, das mir zuvor nicht aufgefallen war: Die Pole lösen sich auf!

Taro hat dies zu Lucy im 4. Euphoria-Teil gesagt:

»Die Spielregeln heben dich nicht nur in eine höhere Schwingung und lassen dich positiver denken und fühlen. Sie lassen dich auch mehr und mehr zur Einheit finden. Denke an die Absichtslosigkeit. Sie löst die Gegensätze auf. Wenn du absichtslos handelst, kannst du weder gewinnen noch scheitern. Du tust einfach nur etwas im Hier und Jetzt. Es gibt keine Vergangenheit mehr und keine Zukunft, sondern nur den Augenblick. Keine Ziele, keine Wünsche, keine Sehnsüchte. Nur das Sein. In der Absichtslosigkeit findest du die Einheit, in der die Schöpfung ganz leicht und ohne Mühe geschieht. Du kannst etwas sein, ohne auch nur den Hauch eines Zweifels zu haben und du kannst es jetzt sein, denn Zeit existiert ohne Absicht nicht.«

Glück erschaffen zu wollen und Unglück vermeiden zu wollen ist ein illusionäres Spiel der Pole, hervorgerufen durch den Verstand. Betrachte dir einmal als Beispiel ein Wasserglas, das bis zur Hälfte gefüllt ist. Man kann es jetzt als halb voll oder als halb leer betrachten. Man kann den positiven Pol fühlen oder den negativen. Tatsache ist aber nur: Da ist Wasser im Glas.

Unser Verstand kategorisiert ständig in negativ und positiv. Aber diese Kategorien existieren in Wirklichkeit nicht. Versuche das Wasserglas als das zu betrachten, was es ist. Ohne Bewertung. Eine völlig neutrale Betrachtungsweise ohne jede Bewertung hieße hier: *Da ist Wasser im Glas.* Es ist nicht halb voll und nicht halb leer. Da ist einfach Wasser im Glas. Wenn dort nun mehr Wasser im Glas wäre, wäre das *keine* Fülle. Es wäre wieder nur die Realität: *Wasser im Glas.* Selbst wenn das Glas leer wäre, wäre das kein Mangel. *Da wäre schlicht und einfach ein Glas.*

Siehst du das Spiel dahinter? Du betrachtest einfach nur das, was *da* ist. Nicht das, was *nicht da* ist.

Warum wird so oft gesagt, dass das Unterbewusstsein Worte wie *Nicht* und *Kein* nicht verstehen kann? Weil es *Nicht* und *Kein* nicht gibt. Es sieht einfach immer nur das, was *da* ist. Wenn du das leere Glas betrachtest und denkst, *da ist kein Wasser im Glas*, versteht dein Unterbewusstsein nicht, was du meinst. Weil es nur das wahrnehmen kann, was *da* ist. Wenn etwas *nicht da* ist, nimmt es das einfach nicht wahr.

Was ist aber, wenn du dir vorstellst, dass da Wasser im Glas *wäre*? Dann ist Wasser da. Ist es viel Wasser oder wenig? Das ist egal. Es ist Wasser im Glas. Viel und wenig ist nur wieder eine Bewertung. Dein Gehirn kann nicht zwischen Fantasie und Realität unterscheiden. Wenn du Wasser siehst (egal ob in der Fantasie oder in der Realität) ist Wasser im Glas. Und für dein Unterbewusstsein ist *das* die Realität.

Wenn du aber *viel* Wasser Wahrnimmst, also Fülle (Bewertung), existiert gleichzeitig auch der Gegenpol = *Wenig* Wasser, also Mangel. Das ist die Polarität. Sobald man einen Pol sieht, gibt es auch einen Gegenpol.

Es wäre also von Vorteil, diese Pole gar nicht erst wahrzunehmen. Denn, wenn man *keinen* Pol sieht, existiert die Polarität nicht mehr. Dein Unterbewusstsein kann nichts wahrnehmen, das du nicht siehst. Wenn du *keinen* Pol siehst, also die Situation nicht bewertest, gibt es keine Polarität mehr und damit gibt es auch *keinen* Gegenpol.

Was bedeutet das? Es bedeutet, dass, wenn du die

Polarität in deinem Kopf ausschaltest, keinen Mangel mehr erschaffen kannst, weil es keinen Mangel mehr gibt. Du erschaffst dann nur noch das, was du siehst und von dem, was du siehst, gibt es kein Gegenteil mehr. Wenn du Wasser im Glas siehst, gibt es nicht das Gegenteil von Wasser, sondern nur Wasser.

Man kann diese Art der Wahrnehmung trainieren. So kann man dann bald seine eigenen Lebenssituationen ebenfalls auf diese Weise betrachten. Du bist nicht arm oder reich, nicht gesund oder krank, nicht gut oder schlecht. Löse diese ganzen Pole einmal auf und erkenne die unbewertete Realität. Es gibt keine Armut, keine Krankheit, keine Einsamkeit und es gibt nichts Schlechtes. Dann gibt es auch keinen Reichtum, keine Gesundheit, keine Zweisamkeit und nichts Gutes. Und das bedeutet: Es gibt nichts anzustreben und es gibt nichts zu bekämpfen! Damit schlagen wir zwei Euphoria-Regeln mit einer Klappe. Wir müssen uns nicht mehr bemühen die Situation zu akzeptieren und wir müssen auch nicht mehr versuchen irgendwie die Absicht loszuwerden. Denn beides ist einfach nicht mehr da, wenn keine Pole existieren.

Mach dir die Realität bewusst!

Wenn man diesen Schritt geschafft hat und die Realität wirklich so sieht, wie sie ist, also ohne Bewertung, gibt es kein Ziel mehr und auch kein Scheitern. Also keine Fülle und keinen Mangel.

Versuche die Situationen in deinem Leben, die du vorher ändern wolltest, so zu sehen. Ohne Urteil. Und dann versuche einmal etwas wahrzunehmen, das noch nicht da ist und das du dir wünschst. Aber wieder ohne Pole, also ohne Bewertung. Stell dir vor, das Glas wäre bis oben hin voll! Wie gesagt wäre dies *keine* Fülle! Es wäre nach wie vor einfach nur Wasser im Glas. Das Interessante dabei ist, dass du auf diese Weise eventuelle Glaubenssätze umgehst, die da heißen könnten: »Ich verdiene es nicht, Fülle zu haben.« Oder: »Ich darf nicht so viel davon haben.« Oder »Ich bin es nicht wert, so viel Wasser zu haben.« Oder aber auch: »Ich bin zu dumm/schlecht/klein/unerfahren, um mit so viel Wasser umzugehen.«

Denn: Da ist einfach nur Wasser im Glas. Es ist nicht viel, es ist nicht wenig, nicht toll oder doof, weder mangelhaft noch erfüllend. Übertrage das beispielsweise auf dein Bankkonto. Ob da nun 30 Euro drauf sind oder 30 Millionen spielt absolut keine Rolle. Es ist keine Fülle da und auch kein Mangel. Da ist einfach nur Geld auf dem Konto. Du kannst die Zahlen sehen, ohne sie zu bewerten. Und du kannst die Augen schließen und andere Zahlen sehen, ohne irgendeine Form der Bewertung. Stelle dir einmal vor, es wären wirklich 30 Millionen auf deinem Konto (falls du schon 30 Millionen hast, nimm einfach eine andere Summe) und bewerte diese Tatsache nicht. Trainiere deine Wahrnehmung ohne Bewertung. Löse die Pole auf. 30 Millionen sind *keine* Fülle. Und sie sind auch *kein* Mangel. Da ist einfach nur Geld auf dem Konto.

Nehmen wir etwas Anderes: Dein Traumauto. Es steht vor

deiner Tür. Und es symbolisiert keine Fülle und keine Erfüllung. Aber auch keinen Mangel. Da steht einfach dein Traumauto vor deiner Tür. Und es gehört dir. Übertrage diese Spiel auf alles, was du willst.

Nimm etwas Nicht-Existentes wahr!

Du kannst das Nicht-Existente wahrnehmen, als wäre es existent. Berühre einmal die Motorhaube des Wagens. Steig in das Auto ein und fühle, wie sich die Sitze anfühlen. Wie riecht es? All das kannst du erleben und wahrnehmen, ohne es als gut oder schlecht zu bewerten.

Sollte ein Glaubenssatz in dir verankert sein, der zum Beispiel besagt, dass du es nicht verdienst, ein so tolles Auto zu besitzen, wird dieser gnadenlos umgangen. Ob du es verdienst oder nicht, da steht dein Traumauto vor der Tür. Vermutlich lassen sich auch negative Glaubenssätze auf diese Weise löschen, denn ohne Pole existieren weder negative noch positive Glaubenssätze. Es existieren nur Glaubenssätze. Nicht negativ und nicht positiv. Glaubt man zum Beispiel ein Pechvogel zu sein und löst die Pole darin auf (Pechvogel/Glückspilz), hieße das: »Es gibt keine Pechvögel!« Und: »Es gibt keine Glückspilze!« Sagt man sich das immer wieder und nimmt es auch so wahr, wird dies den negativen Glaubenssatz aushebeln, genauso wie seinen Gegenpol.

Oder der Glaube: »Auf etwas Positives folgt immer etwas Schlechtes.« Hebt man hier die Pole auf, hieße das: »Es gibt nichts Schlechtes. Und es gibt nichts Gutes.« Und schon hat der Glaubenssatz keine Substanz mehr. Auch hier kann man dann, sobald man die Pole aufgelöst hat, etwas Nicht-Existentes wahrnehmen. Zum Beispiel eine Situation, die man sehr mögen würde. Man kann sie im Geiste erleben ohne sie zu bewerten. Sie ist nicht gut und auch nicht schlecht. Es stellt sich also nicht mehr die Frage, ob auf diese Situation eine gegenteilige folgen würde, denn es gibt keine Gegenteile mehr.

Das Potential, das hinter dem Auflösen der Pole steckt, ist schier unendlich. Sobald man etwas Nicht-Existentes wahrnimmt, ohne es zu bewerten und ohne es zu polarisieren, lösen sich alle Hindernisse auf, denn du verfolgst weder eine Absicht noch kämpfst du gegen etwas an. Du siehst einfach etwas. Es ist nicht gut und nicht schlecht, besteht nicht aus Fülle oder Mangel. Es ist einfach da. Realität. Du nimmst es wahr. Nicht, weil du es erschaffen willst und nicht, weil du etwas Anderes beseitigen willst, sondern einfach weil es da ist. Es hat keinen Gegenpol. Es ist einfach da.

In dieser Welt, in der wir leben, kann ein Pol nicht ohne seinen Gegenpol existieren. Konzentriert man sich auf einen Pol, liegt der Gegenpol bereits in seinem Schatten. Schaut man auf die Fülle, liegt dahinter der Mangel verborgen. Aber wir können uns aus dieser Polarität ausklinken, denn letzten Endes existiert sie nur durch unsere Bewertung.

In Euphoria ging es also von Anfang an nicht um das Erschaffen von Glück und das Löschen von Unglück, sondern um die entscheidende Erkenntnis: Alles ist Eins. Und wenn alles Eins ist, bist *du* Alles! Du musst also nicht die eine Seite anstreben und die andere ablehnen, denn in diesem Alles gibt es keine Seiten. Es gibt keine Wände, es gibt keine Grenzen, es gibt keine Hindernisse. Und vor Allem gibt es keine Pole.

Alles ist Eins. Und du bist Alles.

Das ist ein Sprichwort der Lumenier und es sagt alles aus, was Euphoria ist. Spielst du nach den Spielregeln Akzeptanz und Absichtslosigkeit, löst du damit die Polarität auf und vereinst alles zu einer Einheit. Es gibt kein Negativ und Positiv mehr. Du erschaffst dir kein Glück mehr und brauchst keine Angst zu haben, dass Unglück geschieht. Ohne den einen Pol gibt es keinen Gegenpol. Aber was ist mit der dritten Spielregel – den Glücksgefühlen? Sie gehört zu dieser Erkenntnis »Alles ist Eins« dazu. Um das zu verstehen ist es wichtig zu erkennen, was Glücksgefühle eigentlich sind. Es wird behauptet, dass Liebe bzw. Ekstase das einzige Gefühl ist, das keinen Gegenpol kennt. Es ist das Gefühl von Einheit. Und Einheit hat kein Gegenteil. Aber schauen wir uns auch einmal die anderen Glücksgefühle an. Was fühlst du, wenn dich zum Beispiel etwas fasziniert? Wenn du begeistert bist. Das, was dich da fasziniert, rührt etwas in dir an, nicht wahr? Es berührt etwas in dir, bringt etwas in Bewegung. Du fühlst, wie dich etwas zu der Sache, die dich begeistert, *hinzieht*.

Und was ist zum Beispiel mit Dankbarkeit? Wenn du für etwas aufrichtige Dankbarkeit empfindest, ist es, als gehöre die Sache, für die du dankbar bist, zu *dir*. Du fühlst dich damit verbunden.

Und Zuneigung? Du bist etwas oder jemandem *zugeneigt* und fühlst auch hier eine Verbundenheit. Als gäbe es zwischen dir und der Sache bzw. dem Menschen oder Tier keine Trennung.

Dann gibt es noch die Freude. Du kennst sicher das Gefühl, wenn du dich so sehr über etwas freust, dass du die ganze Welt umarmen könntest. In diesem Moment scheint die Welt nur eine kleine Kugel zu sein und sie ist mitten in deinem Herzen.

Freundschaft. Eines der schönsten Gefühle. Man fühlt sich mit jemandem verbunden. Man ist sich ähnlich oder ergänzt sich. Ganz egal wie und warum man befreundet ist, man fühlt sich wie Pech und Schwefel – zusammengehörig.

Und was ist mit Frieden? Dieser wunderbare innere Frieden, wenn alles einfach sein darf, wie es ist, wenn alles mal für einen Moment egal ist und man in sich ruht. Es ist ein Gefühl, als gäbe es nichts auf der Welt, das dich beunruhigen kann, weil alles okay ist, so wie es ist. Auch du. In diesem Moment gibt es keinen Kampf in dir und keine Absicht. Was ist Frieden für ein Gefühl? Einheit.

Es gibt noch Geborgenheit, Verliebtsein, Euphorie, Seligkeit, Vorfreude, Leidenschaft und viele andere positive Gefühle. Sie sind alle unterschiedlich. Aber bestimmt hast du schon gemerkt, dass sie alle etwas gemeinsam haben. Du fühlst bei jedem dieser Gefühle eine Verbindung mit der

Sache oder dem Wesen, für die/das du dieses Gefühl empfindest. Gehe die Gefühle noch einmal durch, um es zu fühlen. Bei jedem Gefühl empfindest du in unterschiedlich stark ausgeprägter Intensität *Einheit*. Am stärksten kannst du diese Einheit natürlich fühlen, wenn du jemanden liebst. Aber du kannst sie auch genauso fühlen, wenn du dankbar bist, wenn dich etwas fasziniert oder begeistert, wenn du in Leidenschaft entflammt bist, wenn du dich über etwas freust oder in Frieden bist.

Aber Moment mal. War nicht *Liebe* das Gefühl von Einheit? Das einzige Gefühl, das keinen Gegenpol kennt? Warum fühlen sich denn alle anderen Glücksgefühle auf einmal auch wie Einheit an? Heißt das, dass alle Glücksgefühle Einheit bedeuten? Genau DAS heißt es. Jedes Glücksgefühl ist nur ein anderer Ausdruck von Einheit. Nur unterschiedlich stark ausgeprägt. Du kannst es mit jedem Glücksgefühl ausprobieren, das dir einfällt. Sobald du es fühlst, spürst du die Einheit, die du mit dieser Sache oder diesem Wesen bildest. Das ist erschreckend, oder? Jedes Glücksgefühl ist also ein Gefühl von Einheit. Und das bedeutet: **Kein** Glücksgefühl hat einen Gegenpol! Lass dir das auf der Zunge zergehen:

Kein Glücksgefühl hat einen Gegenpol!

Wenn Glücksgefühle nur verschiedene Ausdrucksformen von Einheit sind, gibt es keine gegenteiligen Gefühle. Aber was ist dann mit Hass, Wut, Traurigkeit usw.? Sind diese

Gefühle dann gar nicht echt? Wenn sie nicht der Gegenpol der positiven Gefühle sind, existieren sie dann überhaupt? Ich denke, man kann schon behaupten, dass sie nicht existieren, obwohl man sie ja sehr deutlich spürt. Aber ich glaube, dass man in diesen Momenten einfach etwas *nicht* spürt. Und zwar die *Einheit*. In Momenten, in denen du negative Gefühle fühlst, spürst du einfach die Einheit nicht.

Diese Erkenntnis ist deshalb so erschreckend, weil sie das ganze Leben durcheinander bringt. Ist doch unser ganzes Leben darauf ausgerichtet und darauf aufgebaut möglichst negative Gefühle zu vermeiden. Deshalb suchen wir immer nach Menschen, die uns lieben und die wir lieben können, wir suchen nach Dingen, die uns begeistern und faszinieren, wir wollen Spaß haben und uns freuen, wir möchten Momente erleben, in denen wir Dankbarkeit spüren, Frieden, Geborgenheit, wir wollen uns kümmern und wollen, dass sich um uns gekümmert wird. Wir streben das Gefühl des Verliebtseins an und träumen davon in Ekstase und Leidenschaft aufzuflammen. Und warum das alles? Weil wir das Gefühl der Einheit spüren wollen.

Es ist wie ein Lebenselixier, das wir zum Überleben brauchen. Wie eine Droge ohne die wir nicht leben können. Diese Gefühle treiben uns an, sie beflügeln uns, geben uns Kraft und Stärke, Lebensmut und Lebensfreude. Wenn sie nicht da sind, sind wir traurig, deprimiert, wütend, frustriert und sogar hasserfüllt und aggressiv. Die negativen Gefühle sind also nicht der Grund, warum wir positive Gefühle anstreben und sie sind auch nichts, das vermieden werden muss. Negative Gefühle sind einfach das, was entsteht, wenn wir die Einheit nicht fühlen.

Eigentlich könnte man es von nun an so nennen: Unser ganzes Leben ist darauf ausgerichtet und aufgebaut, die Einheit zu fühlen. In jedem Moment unseres Leben streben wir dieses Gefühl an. Und zwar aus einem ganz simplen Grund: Weil wir die Einheit *sind*! Sie ist unser Ursprung. Unser natürlicher Seinszustand. Es ist also ein vollkommen natürlicher Zustand, glücklich zu sein. Glück ist nichts, das angestrebt werden muss und Unglück ist nichts, das vermieden oder bekämpft werden muss. Und hier sind wir wieder bei Euphoria.

Ohne Absicht und ohne Kampf im Gefühl von Glück, bist du in deinem natürlichen Seinszustand. In der Einheit. In diesem Zustand geschieht die Schöpfung wie von allein. Ohne Mühe. Weil es in diesem Zustand keine Pole und keine Hindernisse gibt.

Auf diese Erkenntnis ist Euphoria zugesteuert. Das Spiel war von Anfang an die Rückkehr zur Einheit durch das Auflösen der Pole. Und dies geschieht beim Spielen von ganz allein … wenn man sich an die Spielregeln hält.

Ausführlicher habe ich über die Polarität und das Mysterium unserer Gefühle in dem Buch »H+E=X« geschrieben, dem Sachbuch, das zu der Emilia/Herz-Reihe erschienen ist. Diese Buchreihe handelt von sehr gegensätzlichen Polen und dem Auflösen der Illusion dahinter.

Spielen auf X

Die Euphoria-Spielregel X ist während des Schreibens von Euphoria Band 5 »Die Macht der Götter« entstanden, da in diesem Band alles auf das Einswerden, also die Einheit/Ekstase hinausläuft. Während die Geschichte ihren Lauf nahm und sich herausstellte, dass sich Euphoria auf diese Weise noch viel einfacher spielen lässt, kam Lucy der spontane Gedanke, dass es sich bei dieser Erkenntnis um die Spielregel X handeln musste. Eine Spielregel, die alle anderen Spielregeln zusammenfasst. Sie beinhaltet nicht nur die erste und zweite Spielregel (Akzeptanz und Absichtslosigkeit), sondern auch die dritte – die Glücksgefühle. Denn das Vereinen/Auflösen der Pole verursacht ein friedliches, glückseliges Gefühl. Es entsteht Ekstase. Das Gefühl von Einheit. Spielregel X ist also ein Sprung von der Euphorie zur Ekstase. Vom polaren Erleben des Glücks zum gegensatzlosen Erleben der Seligkeit. Und sie kann mit einem ganz einfachen Satz beschrieben werden:

Nimm alles ohne Pole wahr.

Die Welt, dich selbst, dein Leben, deine Träume, … nimm das alles einfach ohne Gegensätze wahr. Denn es gibt bei der gegensatzlosen Wahrnehmung keine Hindernisse. Alles ist möglich, denn alles ist Eins.

Nachwort

Das Spiel der Götter ist nichts Neues. Es ist einfach eine spielerische Anwendung des Gesetzes der Anziehung. Und sie ist deshalb spielerisch, weil sie absichtslos geschieht. Warum ist die Absichtslosigkeit so wichtig? Weil wir durch das absichtslose Visualisieren die Grenzen in unserem Kopf überwinden. Wenn wir mit der Absicht visualisieren, etwas in unser Leben zu ziehen, spüren wir den Mangel. Und wir wissen nun, wie wichtig es ist, zu *spüren*. Verfolgen wir aber *keine* Absicht, lösen wir den Mangel auf und die Frage, ob wir daran glauben können, dass sich der Wunsch erfüllt, stellt sich nicht mehr. Der Glaube an etwas ist sehr wichtig. Glaube ist gleich Überzeugung. Wenn wir nicht glauben, dass etwas wahr wird, reagiert die Welt auf diesen Glauben. Wenn sich aber die Frage nach dem Glauben gar nicht stellt, weil wir etwas aus reiner Freude tun, entsteht auch kein Zweifel. Und wo kein Zweifel ist, ist auch kein Hindernis. Deshalb ist diese Anwendung des Gesetzes der Anziehung ein Spiel. Und die Erfüllung der Wünsche geht deshalb so schnell, weil dieses Spiel alle Hindernisse auflöst, die entstehen können.

Nachdem ich zahlreiche Bücher über das Gesetz der Anziehung studiert und die verschiedensten Methoden ausprobiert hatte, stellte sich heraus, dass nichts so einfach, schnell und effektiv Wirkung zeigte, wie dieses Spiel.

Spiele es wie ein Kind! Wie betrachten Kinder das Leben? Es ist für sie ein Spiel. Sie spielen unentwegt, fantasieren, stellen sich Dinge vor und haben Spaß. Und sie verfolgen mit ihren Spielen keine Absicht. Sie spielen aus Spaß an der Freude. Und genau das soll die Grundlage von »Euphoria« sein. Es ist ein Spiel. Ein Spiel mit dem man sich die Wirklichkeit erschaffen kann.

Kennst du das Gefühl, wenn es vor lauter Freude in deinem Bauch wild kribbelt, sich deine Mundwinkel wie automatisch nach oben ziehen, deine Augen anfangen zu funkeln und die Euphorie an deinen Stimmbändern kitzelt, so dass du am liebsten laut quieken und senkrecht in den Himmel schießen würdest? Falls nicht, gibt es bestimmt eine Situation, die genau *dieses* Gefühl in dir hervorrufen würde, oder? Wie wäre es, wenn du dir genau diese Situation jetzt in diesem Moment einmal vorstellen würdest? Versetze dich in die Lage, wie es wäre, wenn … und male dir jedes Detail genau aus. Was siehst du? Was riechst, schmeckst oder hörst du? Und was ist mit deinen Gefühlen? Was spürst du? Wie fühlt es sich an, mitten in dieser Situation zu *sein*?

Halte dieses Gefühl fest und lasse es immer stärker werden. Steigere dich so sehr in das Gefühl hinein, bis du tatsächlich abheben könntest vor Glück. Tue es einfach aus Spaß! Und genieße den Flug! So lange und so oft du kannst. Du wirst sehen, dass in diesem Zustand alles viel leichter ist und die Welt auf einmal ganz anders aussieht. Die Welt, das Leben wird auf deine Gefühle reagieren.

Ich hoffe, diese Spielanleitung hat dir gefallen und natürlich wünsche ich dir jetzt viel Spaß beim Spielen.

Denke immer daran: **Du kannst JETZT entscheiden, was du fühlen willst!**

Ich wünsche dir alles Glück der Welt, unendlich viele Glücksgefühle und die Erfüllung all deiner Herzenswünsche!

Zu oft – Viel zu oft

von Lucy Key

Magie!
Ich kann die verspielte Farbenpracht
deiner Existenz spüren
und fühle doch nichts als Schwerelosigkeit.
Denn deine Macht hebt mich empor
und spottet der Illusion meines Lebens.

Das nachfolgende Gedicht hat eine sehr tiefe Bedeutung. Es handelt von der Macht, die in jedem Menschen schlummert. Die Macht, die Realität zu verändern. Der Moment, in dem sich die Dinge beginnen neu zu fügen, weil die Realität nicht mehr mit den eigenen Gedanken, Gefühlen und Überzeugungen übereinstimmt, wird in diesem Gedicht eingefangen. Neue Gedanken und Gefühle, Träume und Fantasien verändern die Wirklichkeit, verschieben sie in ein neues Muster. Die alte Realität verändert sich, zerreißt und fügt sich neu. Sie ist dazu gezwungen, weil sie der Kraft des Geistes nicht widerstehen kann. Denn die Realität ist nichts weiter, als ein Spiegelbild unserer Selbst.

Das Gedicht »Zu oft – viel zu oft« ist von Lucy Key, der Hauptprotagonistin aus »Euphoria«. Sie verfasst es im 5. Teil, in »Euphoria – Die Macht der Götter«, um all ihre Erkenntnisse und Gefühle einzufangen. Und auch, um eine Formel für sich zu entwickeln, die ihr bewusst macht, wie mächtig sie ist. Diese Formel soll ihr helfen, sich immer wieder daran zu erinnern. Und sie soll ein Zauberspruch sein, um ihre Kräfte aus den Fängen des Verstandes zu entfesseln. Die Szene, in der sie dieses Gedicht in ihrem Kopf zum ersten Mal formuliert, ist eine wichtige Schlüsselszene im 5. Band und führt letztendlich zu ihrem eigenen, göttlichen Erwachen.

Als ich dieses Gedicht schrieb, war mir noch nicht klar, dass es eine so wichtige Bedeutung in »Euphoria« haben würde. Ich wusste nur, dass Lucy diese Worte irgendwann formulieren würde. Wann und wo war mir nicht bewusst. Erst, als ich den 5. Teil schrieb, steuerte die Geschichte schnurstracks auf diese Szene zu und Lucy sprach wie von selbst die Worte aus, die ich schon niedergeschrieben hatte, bevor der 1. Teil der Euphoria-Romanreihe fertiggestellt war.

Dieses Gedicht ist also für mich, für Lucy und für ganz »Euphoria« sehr bedeutsam, denn es fügt nicht nur die ganze Geschichte zusammen, sondern umschreibt auch den Schöpfungsprozess und das Spiel der Götter.

Zu oft – Viel zu oft

von Lucy Key

So oft, wie ich geträumt,
so oft, wie ich gedichtet,
mit Glanz in den Augen
und glücklicher Fantasie.

So oft, wie ich gefühlt,
so oft, wie ich gelacht,
aus Spaß, aus Glück,
aus Fantasie.

So oft, wie ich spielte,
so oft, wie ich tanzte,
gespeichert in der Ewigkeit,
ein Teil meiner Vergangenheit.

Der Druck wird so groß,
der Sog umso heftiger.
Ein Knarren, Krachen und Reißen.
Die Realität zerfetzt.

Sie kann nicht mehr halten,
so, wie sie jetzt ist.
Zu oft hab ich geträumt,
zu oft geleuchtet vor Glück.

Es verschiebt sich die Wirklichkeit!
Es muss sein,
denn meine Macht
hat die Realität verzerrt.

Das Knarren wird lauter,
die Kraft noch viel stärker.
Bänder dehnen sich,
Glaube zerreißt.

Altes vernichtet,
aufgelöst in Nichts.
Und das Netz verschiebt sich
in ein neues Muster.

Zu oft hab ich geträumt,
zu oft hab ich gedichtet.
Mit Glanz in den Augen
und glücklicher Fantasie.

Zu oft, als dass alles so bleiben könnte,
wie es war.

Viel zu oft.

Lucy Key

Bücher zu »Euphoria«:

Euphoria – Die Spielanleitung

Eine kurze, knappe Zusammenfassung der Spielregeln.

76 Seiten, Paperback

ISBN: **978-3-8391-8467-7**

Euphoria – Das Spiel

Das umfangreiche Spiele-Handbuch zu Euphoria.

224 Seiten, Paperback

ISBN: **978-3-8448-0343-3**

Euphoria – Die Praxis

Ein praxisnahes Buch über die Hintergründe von Euphoria und ein tieferes Verständnis des Spiels.

180 Seiten, Paperback

ISBN: 978-3-8482-1517-1

Euphoria – Das Spiel der Götter

Der erste Teil der Romanreihe.

188 Seiten, Paperback

ISBN: **978-3-8423-1961-5**

Euphoria – Der Tanz der Götter

Die Fortsetzung von »Das Spiel der Götter«.

216 Seiten, Paperback

ISBN: **978-3-8423-4515-7**

Euphoria – Die Welt der Götter

Der rasante und spannende dritte Teil

240 Seiten, Paperback

ISBN: **978-3-8423-6538-4**

Euphoria – Der Kampf der Götter

Der emotionale vierte Teil der Romanreihe.

200 Seiten, Paperback

ISBN: **978-3-8482-1436-5**

Euphoria – Die Macht der Götter

Das große Euphoria-Finale!

Paperback

ISBN: **978-3-8482-1436-5**

Weitere Veröffentlichungen zu »Euphoria« und Informationen zum Spiel der Götter findest du auf dieser Webseite:

http://www.ninanell.com